国家智库报告 2016（30）
National Think Tank

"三 农"

开放条件下的全球农业政策

杜志雄 主编

GLOBAL AGRICULTURAL POLICIES IN OPEN ECONOMY

中国社会科学出版社

图书在版编目（CIP）数据

开放条件下的全球农业政策／杜志雄主编．—北京：中国社会科学出版社，2016.8
（国家智库报告）
ISBN 978 - 7 - 5161 - 8671 - 8

Ⅰ.①开…　Ⅱ.①杜…　Ⅲ.①农业政策—研究—世界　Ⅳ.①F310

中国版本图书馆 CIP 数据核字（2016）第 186675 号

出 版 人　赵剑英
责任编辑　喻　苗　马　明
责任校对　季　静
责任印制　李寡寡

出　　版　中国社会科学出版社
社　　址　北京鼓楼西大街甲 158 号
邮　　编　100720
网　　址　http://www.csspw.cn
发 行 部　010 - 84083685
门 市 部　010 - 84029450
经　　销　新华书店及其他书店

印刷装订　北京君升印刷有限公司
版　　次　2016 年 8 月第 1 版
印　　次　2016 年 8 月第 1 次印刷

开　　本　787×1092　1/16
印　　张　12.25
插　　页　2
字　　数　130 千字
定　　价　49.00 元

摘要：本书主要讨论了开放条件下全球农业政策的最新进展。《TPP 与中国农业：贸易视角》一文指出 TPP 给中国农产品贸易带来一定的负面影响，但是 TPP 的框架在很大程度上与中国农业改革的方向相一致，从策略角度应当进一步提高农业国际合作水平。《"丝路"背景下中国与中亚农业合作》一文对中国与中亚农业合作的基本情况和主要问题进行了分析，并对加强中国与中亚国家农业合作提出了具体建议。《"双重挤压"背景下美国〈2014 年农业法案〉调整对中国农业支持政策的启示》一文分析了中国农业生产面临的主要问题，并介绍了美国农业法案的主要变化特征，通过论述美国《2014 年农业法案》调整情况，对中国农业支持政策提出了相关的政策建议。《金融衍生品工具在农业支持政策中的应用：巴西的经验》一文介绍了巴西农业支持政策体系，在此基础上介绍了金融衍生品工具在农业支持政策中的应用，该文认为金融衍生品工具的使用对巴西农业生产起到了积极作用，值得中国借鉴。《澳大利亚的荔枝农场和产业组织》基于澳大利亚荔枝生产与组织模式，对中国荔枝行业提出了具体的可操作性建议。《东亚信用合作运行模式、发展经验与启示》以日本、韩国农协和中国台湾农会的信用合作业务为例，从信用合作模式入手，论及相应的问题与改革趋势，提出完善中国农村合作金融体系的政策建议。《江苏省农业利用 FDI 区位变迁影响因素分析》一文分析了 2002—2013 年江苏省农业利用外商直接投资的区位变迁经历，详细解释外商直接投资农业区位选择的影响因素，进而提出了加快外商直接投资发展江苏农业的政策建议。《金砖国家建立 FTA 对五国农业的影响与中国对策》一文指出，在金砖五国之间农产品贸易规模不断扩大的背景下，中国多数农产品品种产出将下降，而且表现为贸易逆差扩大，但是中国总福利提高，经济进一步增长。《美国农业保险补贴制度及其对中国的启示》一文通过对美国农业保险补贴制度进行梳理，强调中国开展农业保险需要明确农业保险的政策目标，构建系统高效的农业保险补贴制度，构建多层次的大灾风险分散制度。《美国新农民支持政策及对中国的启示——基于〈2014 年农业法案〉》一文指出美国新农民支持政策对中国的启示主要在于：正视中国农业现代化发展与农民老龄化的矛盾，农民职业化从各类规模化经营主体开始，鼓励农村高素质外出务工者回流和大中专高校毕业生下乡创业。《日本农业经营主体培育的政策调整及其启示》一文通过梳理日本农业经营主体培育的政策调整与成效，提出需要通过进一步加强支持与政策配套来培育中国新型农业经营主体。《中国南海周边国家与地区海洋捕捞渔业发展趋势与政策——基于中国与印度尼西亚、菲律宾、越南、马来西亚、文莱、中国台湾的比较》一文通过对中国南海周边国家与地区如印度尼西亚、菲律宾、马来西亚、文莱及中国台湾地区海洋捕捞渔业总体发展趋势及其在中国南海所在的西太平洋海域捕捞渔业总量、品种等变化趋势及管理措施同中国在南海的捕捞渔业总量、品种及管理措施进行比较，给出了相应的对策建议。

关键词：全球化　农业政策　开放条件　"一带一路"

Abstract: In this collection of papers, the recent development of global agricultural policies under the open conditions is discussed. It is pointed out in "TPP and China's Agriculture: Trade Perspective" that although TPP brings certain negative impacts on China's agricultural trade, its framework is aligned with the direction of China's agricultural reform to large extent. Thus, strategically, international agricultural cooperation shall be enhanced further. In "Agricultural Cooperation between China and Central Asia under the Background of 'Silk Road'", the basic situation and major problems about agricultural cooperation between China and Central Asia are analyzed and specific suggestions are proposed to strengthen the cooperation. In "Implications of U. S. Farm Act 2014 Adjustment on China's Agricultural Support Policies under 'Double Pressure'", the basic problems facing China's agricultural production are analyzed, and the major changes of the U. S. Farm Act 2014 are introduced. Relevant policy suggestions on China's agricultural support policies are proposed by comparing with this latest U. S. Farm Act. In "Application of Financial Derivative Instrument in Agricultural Support Policies: The Brazilian Experience", the Brazilian agricultural support policy system and how financial derivative instrument is applied in agricultural policies are described. The author believes that the use of financial derivative instruments has positive impact on the Brazilian agricultural production, which is worthy of reference in China. The Australian Lychee production and organizational patterns are described and related operable suggestions to China's lychee industry are put forward in "Lychee Farms and Industrial Organization in Australia". In "Patterns of Credit Cooperation in East Asia", patterns of credit cooperation are summarized based on experiences in agricultural association in Japan and Korea and farmers' union in Taiwan, problems and reform trends are discussed, followed by policy recommendations on improving rural cooperative financial system. Agricultural cooperative federation in South Korea and Taiwan's farmer's association as examples and starts from the credit cooperation mode to discuss corresponding problems and reform trend and put forward the policy suggestion for China's rural cooperative money system. In "Distributional Patterns of FDI on Agriculture", the evolution of utilization of FDI on agriculture in different regions in Jiangsu province during 2002 – 2013 is analyzed. The paper elaborates the factors influencing foreign direct investors' selection of agricultural region and further proposes the policy suggestion to foster foreign direct investment for Jiangsu's agricultural development. In "Impacts of FTA Establishment on Agriculture in the Five BRICS Nations and China's Countermeasures", it is pointed out that under the context of expansion of agricultural trade among the five BRICS nations, a majority of China's export of agricultural products will decline, which will lead to larger trade deficit. However, China's total welfare and economic growth will benefit from it. Through summarizing agricultural insurance subsidy system of the U. S. , it is highlighted in "American Agricultural Insurance Subsidy System and its Implications on China" that to develop agricultural insurance, it is necessary to clarify policy objectives, build a systematic and efficient agricultural insurance subsidy system, and construct multi – level catastrophe risk decentralization system. In "American New Farmer Support Policy and its Implications on China", the implications of American new farmer support policy on China is mainly summarized as follows: facing up the conflict between agricultural modernization and the aging of farmers, facilitating the professionalization of farmers through the various types of scaled farming entities, encouraging high quality rural migrant workers to return home and colleges/universities graduates to start undertaking in the countryside. In "Japanese Policy Adjustment of Fostering Farming Entities and its Implication", the policy adjustment of farming entities in Japan and its outcomes is described, and it is suggested that China needs to further strengthen support policies to foster its new farming entities. Finally, in "Development Trends and Policies of Marine Capture Fishery in Neighboring Countries and Districts of South China Sea", the overall development trend of marine capture fishery in neighboring countries and districts of South China Sea, including Indonesia, Philippine, Malaysia, Brunei and Taiwan, are elaborated, and comparison with China on total capture volume, varieties, and management measures are made, and relevant countermeasures are proposed.

Key Words: Globalization, Agricultural Policies, Open Economy, the Belt and Road

目　　录

TPP 与中国农业：贸易视角

胡冰川 *

2015 年 10 月 5 日，跨太平洋战略经济伙伴关系协定（Trans – Pacific Strateyic Economic Partrership Agreement，简称 TPP）达成基本协议，跨太平洋地区的 12 个国家就 TPP 达成一致，由此也引发了国际国内舆论的热烈讨论。对于这一客观现象，如果以不同的视角去看待，就会引发非常多元的讨论，投射在当前中国经济新常态的背景下，自然会发酵为不同的社会心态。从科学角度客观辩证地看待 TPP 不仅可以正确地识别 TPP 的利弊，更有利于做出准确的判断，从而采取有效的应对策略。

---

* 胡冰川，中国社会科学院农村发展研究所副研究员。

一 TPP 对中国农产品贸易带来 一定的负面影响

根据过去 30 多年改革开放的经验，中国随着经济社会的发展，逐步从农产品出口国走向全球最大的农产品进口国，这反映出资源禀赋在不同阶段具有不同的优势，是经济发展的内在要求。从贸易来看，当前中国可供出口的农产品主要是劳动密集型农产品，而且以加工产品为主，呈现出典型的地理特征。根据 2014 年中国农产品出口数据，最主要的出口农产品为水产品、蔬菜、畜产品。

（一）水产品

中国是全球最大的水产品出口国，水产品是中国当前最大的农产品出口种类，2015 年，出口额为 203 亿美元，同比下降 6.3%。根据贸易方式来看，当前水产品贸易主要是一般贸易，加工贸易占总贸易额的比重不足 25%。从具体水产品出口来看，当前水产品加工程度不断提高。从主要水产品的出口目的地来看，日本、美国占中国水产品出口额的前两位，出口额分别为 38 亿美元和 34 亿美元，对马来西亚的水产品出口额也有 8 亿美元。

当前对日本出口最主要的水产为烤鳗、虾干、腌渍的墨鱼和鱿鱼。当前中国对日本出口水产品恰是日本进口比重最小的三种，而这三种水产品均有 2/3 以上进口自中国（宋德强，2013），由此可见，**中国对日本出口水产具有很强的垄断地位**，这种垄断地位的形成显然不仅仅是因为中国水产品价格上的竞争优势，更因为中国水产加工行业的高水平。实际上中国水产行业在养殖捕捞环节是劳动密集型的，在加工环节是资本密集型的。可以判断的是，TPP 实施之后并不会给中国对日本的水产贸易造成很大影响。

中国是美国最大的水产来源国，中国对美国出口的水产主要是罗非鱼、虾、鳕鱼等。其中面临最激烈竞争的出口品为虾产品，2014 年对美出口额为 4.8 亿美元，同期在美国政府对越南进口的虾实施技术贸易壁垒与关税配额的背景下，越南对美国的虾产品出口额大致相当（阮智功，2014），当前中越对美国的虾产品贸易竞争已经白热化。除此之外，越南对美第二大出口水产——鲶

鱼、金枪鱼等与中国对美出口的罗非鱼也构成一定替代，
是导致中国今年罗非鱼对美出口急剧下降的一个重要原
因。由于中国罗非鱼养殖集中，所以部分地区塘头价下
跌导致了渔民的暴力抵制事件，也值得引起中国注意。

根据现有公开信息，TPP 将进一步降低区域内的贸
易壁垒，可以明确的是：TPP 实施之后，将对中国出口
到美国、马来西亚的罗非鱼及虾产品带来直接冲击，而
由于水产品加工的问题，对中国对日出口水产品影响不
大。进一步地，由于中国罗非鱼和虾产品的养殖加工相
对集中，因此宏观上低烈度的损害将会对相关地方渔业
经济带来较强影响，因此需要提前做好应对准备。

（二）蔬菜与水果

1. 蔬菜

2014 年，中国蔬菜总产量为 7 亿吨，产值为 3000 多
亿元，蔬菜出口量为 1000 万吨，出口额约为 750 亿元。
中国是全球最大的蔬菜出口国，其最大的出口目的地为
日本，2014 年出口额为 23 亿美元，占中国蔬菜总出口额
125 亿美元的 18.4%。对日本出口的蔬菜中出口额占比
最大的是加工蔬菜（占 36.5%），其次是冷冻蔬菜（占

25.0%），如冷冻菠菜、甘蓝、蒜薹等，再次是生鲜蔬菜（占20.7%）（穆月英，2015）。目前，根据调研来看，加工蔬菜对日本的出口比重不断提高，例如，2014年中国对日本出口水煮笋总额达到1.6亿美元，占中国总出口水煮笋的2/3。由于日本"食品中残留农业化学品肯定列表制度"的实施，导致中国对日出口蔬菜的质量水平和加工标准快速提高，对日出口蔬菜基本上以高端加工蔬菜为主；由于历史上的食品安全事件，日本政府也有意识地分散了进口来源，经过了几年的调整，基本上目前中国对日本出口蔬菜已经是日本可以从中国进口蔬菜的最低水平，日后TPP不会对中国出口蔬菜带来太大冲击。

除日本之外，越南、马来西亚、美国都是中国重要的蔬菜出口目的国，2014年中国对越南蔬菜出口额为13亿美元，对马来西亚和美国蔬菜出口额都超过8亿美元。由于中国地理纬度跨度大，从南到北跨越热带、亚热带、暖温带、中温带和寒带5个气候带，气候类型复杂形成了多种农业生态类型，适合各种蔬菜生长。中国种植的蔬菜品种达到1000多种（刘荣茂，2005），很多是中国所独有，因此中国对东南亚国家的蔬菜出口不具有经济上的替代性。此外，中国对美出口的蔬菜主要是加工蔬菜，如调味蔬菜、脱水蔬菜、冷冻蔬菜。对美国蔬菜出口主要是满足美国蔬菜加工需求及多元化消费需求，例如美国华人消费群体，因此可替代性也不强。

2. 水果

2014 年中国水果总产量为 2.6 亿吨，出口果品 289 万吨，总出口额为 43 亿美元，如果扩大到果汁饮料等加工品，那么出口额达到 62 亿美元。与蔬菜相同的是，中国出口水果主要以苹果、柑橘、梨三种温带水果为主，出口果汁以苹果汁为主，体现出典型的地理纬度特征。因此，中国水果出口目的地以日本、东南亚、美国、俄罗斯为主。

具体来看，在 2014 年出口的 43 亿美元水果中，越南、马来西亚、日本、美国都是较为重要的出口目的国，其中对越南、马来西亚出口以苹果、柑橘、梨等鲜果为主，对日本出口以加工后的果品为主，对美国出口以坚果为主，呈现出明显的区域分化。根据当前中国苹果、柑橘、梨的竞争力来看，即使 TPP 实施之后启动区域内的关税，短期内也很难改变中国水果的竞争力水平（张复宏，2013）。毋庸讳言，尽管美国、新西兰也可以出口

苹果，综合考虑运距、产品品质、价格及东南亚国家的
经济发展水平，中国鲜果在东南亚的竞争优势短期内不
会因为 TPP 而降低。

表1   2014 年中国对 TPP 伙伴国的水果出口   单位：亿元

	越南	马来西亚	日本	美国
苹果和梨	1.4	0.8		
柑橘	1.6	1.8		
冷冻水果			0.5	
坚果			0.1	0.2
总额	5.5	3.2	1.8	1.5

资料来源：中国海关统计，水果和坚果指海关统计第 8 章。

进一步地，对于日本出口的冷冻水果例如冷冻草莓，
在日本会被二次加工为草莓酱。很显然，作为加工原材料
的冷冻水果出口，一方面要考虑卫生检验检疫标准，另一
方面，最关键的因素是价格，这一方面，中国的竞争优势
仍然存在。对日出口的水果，除了品种的地理特征之外，
出口价格是个关键因素，这一因素也不会因为 TPP 的实施
而发生太大改变。对美国出口的果品主要是坚果与加工果
品，例如山核桃等，主要是满足美国华人消费群体的消费
习惯，客观地分析，在美国本土，中国的鲜果不具备竞争
优势，因此当前对美国的果品出口基本上已经退缩到贸易

互补性的底线，进一步下降的空间不大。

（三）畜产品

2014 年，中国畜产品出口额为 68 亿美元，主要出口产品以加工品形式出口，以活牲畜或冷冻肉形式出口的较少，出口的主要目的地也非 TPP 区域范围，例如中国肠衣的出口目的地主要以欧洲市场为主。在所有畜产品中，以对日本出口的鸡肉产品的货值最高，2014 年对日本出口的鸡肉产品出口额为 9.6 亿美元，过去 5 年中大体保持这一水平。根据当前蔬菜、水果、水产的贸易数据，日本已经在过去一段时间主动降低了来自中国的进口份额，很明显，随着当前中国对日本出口农产品品质的提高，未达到质量安全标准并不是日本降低中国农产品进口的原因，其真实原因在于：**（1）从经济上看，中国对日出口农产品价格不断提高；（2）从政治上看，日本政府也希望通过减少对中国农产品的进口降低相关的食品依赖。**TPP 实施之后，鉴于中国对日本出口的鸡肉产品都是鸡肉加工品，例如鸡肉串等，与其他加工品出口类似的是，中国对日出口的鸡肉产品受到的冲击不大，对日出口鸡肉产品份额的下降主要是由于日本的政治顾虑。

二　TPP 的规则设计与中国农业
改革的方向一致

在现有的全球政治经济秩序下，理想化的自由市场很难实现，这就要求全球政治经济合作必须采用更多样的方式，例如投资、金融等。举例来说，2014 年日本GDP 总量为 4.6 万亿美元，但是其国民总收入（GNI）为 5.3 万亿美元，这也意味着日本对外投资的产出相对更大，随着开放经济的不断推进、"一带一路"国家战略的实施，中国未来对外投资势必进一步扩大。从这一点上看，TPP 的规则设计顺应全球开放经济的内在要求，具有较强的进步意义；当然，从来没有完美的制度，在规则制定过程中也存在经济霸权主义，例如投资负面清单谈判草案就是依照美国"双边投资协定"（BIT）2012年版本推进的。从国内开放发展的角度，根据党的第十八届五中全会公报"坚持开放发展，必须顺应我国经济深度融入世界经济的趋势，奉行互利共赢的开放战略，发展更高层次的开放型经济"的要求来看，实际上，

TPP 的规则设计与中国开放发展的内在逻辑是一致的。具体表现为以下几个方面。

（一）准入前国民待遇加负面清单管理

第十八届五中全会指出，"形成对外开放新体制，完善法治化、国际化、便利化的营商环境，健全服务贸易促进体系，全面实行准入前国民待遇加负面清单管理制度"。"准入前国民待遇加负面清单"的管理制度，是国际投资规则发展的新趋势，目前国际上有 70 多个国家采用这一模式，目前上海、广东、天津、福建四个自贸区实行的外商投资负面清单就是这一模式。特别地，2013年 7 月第五轮中美战略与经济对话中，中美双方同意以"准入前国民待遇加负面清单的管理模式"为基础进行实质性谈判。

根据 TPP 谈判披露的相关内容，其负面清单谈判更是以 2012 年美国双边投资协定为基础的，目前，中美之间正在就双边投资协定进行负面清单谈判。具体到农业领域，已经对传统意义上的部门审批进行了大范围的压缩和精简，使之符合中美双边投资协定谈判的要求。因此，当前农业的进一步开放是有基础的，并且农业开放的方向也与 TPP 机制相吻合。

（二）农产品价格形成机制的市场化

从第十八届三中全会《中共中央关于全面深化改革若干重大问题的决定》指出的"使市场机制在资源配置中起决定性作用"，到 2015 年《中共中央国务院关于加大改革创新力度加快农业现代化建设的若干意见》（中央一号文件）指出的"完善农产品价格形成机制，增加农民收入，必须保持农产品价格合理水平"，再到中共中央国务院关于推进价格机制改革的若干意见指出的"完善农产品价格形成机制。统筹利用国际国内两个市场，注重发挥市场形成价格作用，农产品价格主要由市场决定"。TPP 的农产品贸易在原则上要求取消补贴，降低准入门槛，这一原则与现行 WTO 框架几乎一致。当前中国农业面临"两个天花板、两道紧箍咒"问题，解决这一问题的关键在于农产品价格形成机制的市场化。对于中国农业来说，农产品价格形成机制的市场化包括两方面内容，一是调整农业补贴的结构，二是减少不必要的市场扭曲。因此，农产品价格形成机制的市场化改革方向与 TPP 的要求是一致的。

从国际经验来看，美国《2014 年农业法案》颁布之后，美国农产品的黄箱补贴降到极低水平，农产品价格的市场化程度大幅度提高，促使这一转变的因素可能来自于 WTO 农业谈判的压力，但是更多的是美国国内农业生产的自身压力。对于中国而言，农产品价格形成机制的市场化改革更多的也是来自国内自身的压力，这一点与国际经验相一致（胡冰川，2015）。综合国际经验与国内实践，TPP 的外在压力与国内农产品市场化改革的内生动力是兼容的。

三　相关讨论与策略

TPP 的框架设计与中国未来开放发展的内在逻辑相一致，留足对抗与反制余地的同时，更为重要的是从正面积极谋求加入 TPP，无论结果如何，这样的尝试将进一步提升开放发展的整体水平，改进国内治理能力。十八届五中全会公报指出"积极参与全球经济治理和公共产品供给，提高我国在全球经济治理中的制度性话语权，构建广泛的利益共同体"，用务实态度审视 TPP 的规则设计，正视问题、扩大开放才是面向未来的战略选择。具体到农业领域，包括以下几种可能的策略。

（一）继续实施农产品进口多元化战略，有针对性地稀释特定农产品的来源

传统意义上，中国农产品进口依照农产品的比较优势，侧重于资源型农产品，例如大豆、玉米等作物的进口，这一进口战略的目标是经济利益最大化，即可以通过进口原料在国内生产获取中间养殖、加工等环节的利润。但是随着中国国内食品消费结构升级，对畜产品需求快速增长，从而造成国内养殖业迅速扩张，不仅带来了相关饲料、饲草、鱼粉等进口规模的快速扩张，同时也带来国内资源环境承载压力的加大。根据国际经验，消纳一头奶牛粪污的土地需要 15 亩，尽管随着粪污处理水平的提高可以更为高效地处理，但是畜牧业规模快速扩张带来的负面影响也是明显的。

以经济利益最大化为目标的农产品进口势必要求进口来源集中、品种集中，但是考虑到风险及国内农业产业结构的优化，可以适当进行调整，考虑在一定范围内实施多元化进口战略，分散进口品种，稀释进口来源。例如，中国可以增加从欧洲的猪肉进口、南

美的牛肉进口，肉类进口一方面缓解国内生产压力，倒逼国内养殖业降本增效；另一方面通过"料肉比"的杠杆作用缓解对上游饲料粮的进口需求，起到稀释进口来源的作用。

（二）以"一带一路"战略为契机，加强与相关国家的农业合作，提高农业合作水平

当前，中国—东盟自贸区处于新的发展阶段，中国—智利自贸易、中国—新西兰自贸区已经实施，中国—澳大利亚自贸区谈判也基本达成，中国—美国双边投资谈判也进入交换负面清单阶段，特别是当前中国积极推进"一带一路"战略，无论是对于 TPP 区域内国家还是区域外地区，都具备一定的吸引力。可以认为，目前中国对外开放是多层次、宽领域的，这在很大程度上可以对 TPP 的冲击形成缓冲。

从农业国际合作来看：在贸易领域进一步开放国内市场，例如粮食配额的定向投放。同时，以"一带一路"战略为契机，加强与相关国家的农业合作，提高农业合作水平。（1）增加对中南半岛国家的农业技术合作；（2）鼓励涉农企业与相关对外农业投资，予以一定

的费用奖补措施，在美国、澳大利亚、新西兰投资农业；
（3）构建纵向一体化的农产品流通企业，基于现有中粮
集团的产业链优势，进一步扩展大宗农产品的流通能力，
以 ABCD 为目标，推动农产品贸易的发展。

参考文献

［1］宋德强：《中国对日本水产品出口贸易研究》，硕士学位论文，南京农业大学，2013 年。

［2］穆月英：《中国对日本蔬菜出口贸易现状及变动趋势》，《中国蔬菜》2015 年第 2 期。

［3］刘荣茂、解如如：《中国对美蔬菜出口的现状、问题和对策》，《中国农学通报》2005 年第 11 期。

［4］张复宏：《中国水果出口的贸易演进及优化策略研究》，山东农业大学，2013 年。

［5］胡冰川：《中国农产品市场分析与政策评价》，《中国农村经济》2015 年第 4 期。

［6］阮智功：《越中对美水产品出口竞争力比较研究》，硕士学位论文，东北财经大学，2014 年。

"丝路"背景下中国与中亚农业合作[*]

林大燕　朱　晶　吴国松　尤宏兵　张庆萍^{**}

截至目前，中国仍属于中等偏上收入的国家，如何跨越"中等收入陷阱"成为近年来中国政界和学界热点讨论的话题。2014年前三季度，中国经济增长率连续下降至7%—8%，再次引起学者们对中国未来经济的担忧及对"中等收入陷阱"的思考。根据改革开放的经验，加强国际合作有助于打造中国新的经济增长点（林毅夫，

---

　*　基金项目：感谢国家社科基金重大项目（11&ZD046，14ZDA038）、国家自然科学基金项目（71503127，71173111）、南京理工大学经济管理学院青年科学基金项目（JGQN1501）以及江苏省优势学科的支持。

　**　林大燕，南京理工大学经济管理学院，讲师、硕导；朱晶，南京农业大学中国粮食安全研究中心，教授、博导；吴国松，淮阴师范学院经济管理学院，副教授；尤宏兵，南京理工大学经济管理学院，教授、硕导；张庆萍，新疆农业大学经济与贸易学院，讲师。

2015）。习近平主席在 2013 年先后提出共建丝绸之路经济带和 21 世纪海上丝绸之路的战略构想，是中国主动应对世界政治经济格局深刻变化、统筹国内国际两个大局做出的重大决策。

国际农业合作是丝路建设中深化产业投资合作的重要方面，正成为推动丝路建设的重要引擎。中亚扼守欧亚陆路交通要道，毗邻中国新疆，与中国农业具有很强的互补性和合作便利性，是整个丝路经济带国际农业合作的关键枢纽。自 2001 年上海合作组织（简称为上合组织）成立以来，中国和中亚农业合作发展迅速，双边农产品贸易总额年均增长超过 20%。尽管如此，目前双方农业贸易合作规模偏小，潜在互补性尚未充分转化为现实的互利性。2013 年，中国与中亚的农产品贸易总额仅占中国农产品贸易总额的 0.63%[①]。

利用丝路建设的历史契机，加快与中亚国家的农业合作，不仅有利于新时期中国实施农业"走出去"战略及农产品贸易市场多元化战略，拓宽中国短缺农产品的外部供应渠道，而且对于促进中亚农业发展、保障该地

---

① 数据来源：根据中国海关总署数据库及中国产业洞察网（http：//www.51report.com/free/3035115.html）上的数据计算整理所得。

区的粮食安全也具有十分重要的意义。因此，本章将在分析中国与中亚农业合作的优势与潜力的基础上，从合作机制、贸易便利化、投资环境、支持服务体系等方面分析双方农业合作的问题和挑战，最后为加强双方农业合作提出建议。

一 丝路建设背景下中国与中亚农业合作的优势与潜力

中国与中亚五国（哈萨克斯坦、吉尔吉斯斯坦、塔吉克斯坦、土库曼斯坦、乌兹别克斯坦，以下分别简称为哈国、吉国、塔国、土国、乌国）资源禀赋不同，在农产品贸易和农业资源上存在很强的互补性，且双方国土接壤，同为上合组织成员（土国已宣布为中立国），开展农业合作具有很强的优势，在丝路建设的背景下，双方农业合作潜力巨大。

（一）农业产品与资源差异明显，互补性强

第一，农产品贸易互补性强。中亚五国土地资源丰富，长期在粮食、棉花等土地密集型产品上具有比较优

势，而在水果、蔬菜及加工食品等劳动和资本密集型产品上依赖进口（李豫新、李婷，2012），与中国农产品存在很强的互补性。据中国海关统计，2013 年，在中亚对中国出口的农产品中，棉麻丝产品高达 78.73%；在中亚从中国进口的农产品中，畜产品、水果、蔬菜及饮品类产品合计达到 80.81%。

第二，农业资源互补性强。中亚五国耕地丰富，但农业生产技术和资金资本匮乏，中国正好与之相反，双方农业资源互补性很强。据 FAO 统计，中亚五国 2012 年人均耕地面积最高的达中国大陆的 20 倍左右，且 2001—2012 年耕地面积年均增长 0.3%—1%，而同期中国大陆耕地面积不增反降。2007 年，乌、哈两国配有灌溉设备的耕地面积最高仅为 10% 左右（李豫新等，2010），塔国农机具技术完好程度低于 80%（李鸿林，2008）。2012 年，哈、吉两国单位耕地化肥施用量不足中国大陆的 5%，得到的财政与信贷支持占政府支出或信贷总额的比重低于 20%。

（二）主要为上海合作组织成员，农业合作基础扎实

除已宣布为中立国的土国外，同中国一样，中亚其他四国均是上海合作组织成员国，为双方加强农业合作搭建了良好平台。近十年来，在上海合作组织的大力推动下，中国及中亚主要国家不断精简投资审批手续，降低关税与非关税壁垒，加强贸易投资法制建设，贸易投资环境逐渐改善，双方农业合作的深度和广度大幅提升。据世界银行2006—2015 年的《全球营商环境评估报告》，2005—2014年，中、哈、吉、乌四国营商环境的全球排名分别上升了18、5、2、10 位。与此同时，双方农产品贸易迅速发展。据中国海关统计，进入 21 世纪后，中国与中亚五国农产品贸易总额增长了十倍有余，农产品进口贸易额和出口贸易额最高分别增长了 35 倍和 200 倍左右。

（三）地理接壤，地缘和区位优势明显

中亚与中国新疆毗邻，边界相接数千公里，非常有利于双方贸易。目前，中亚五国与中国新疆开通了 2 个航空口岸和 10 个陆路边境口岸（李豫新、朱新鑫，2011）。其中，哈萨克斯坦多斯特克口岸与中国新疆阿拉山口口岸仅距 12 公里，哈萨克斯坦首都阿拉木图与中国霍尔果斯口岸仅距 378 公里，为双方农业合作提供了便利的交通条件。同时，中亚五国与中国新疆语言相通，

风俗相近，血缘相亲，信仰一致（丁晓星，2014），交往历史悠久，且哈萨克族、塔吉克族、维吾尔族等与中国相同的民族在新疆跨境而居，此人文优势也非常有利于双方开展农业合作。

二　中国与中亚五国农业合作存在的问题

虽然中国与中亚五国农业互补性强，且具有新疆的地缘优势，双方农产品贸易与农业投资合作近年来发展迅速，但双方的农业合作交流仍存在一系列的问题和挑战。

（一）缺乏长效农业合作机制，贸易便利化程度仍较低，中亚投资环境仍不宽松，双方农业合作发展受到制约

虽然上合组织为中国与中亚的农业合作提供了良好平台，大幅减少了中国和中亚五国的贸易壁垒和合作阻碍，但双方缺乏实质农业合作机制，至今尚未签订农业合作相关框架协议，也未形成区域性优惠贸易安排。双方仅在个别地区签订了合作协议，如中国新疆塔城地区与哈国东哈萨克斯坦州签订的《农产品贸易协议》。同时，已建立的

农业投资合作机制对双方协调力不足、约束性不强，风险防范、争端解决、技术和人才交流机制缺位。

长效合作机制的缺乏，使中亚在海关通关、物流运输、信息披露、引资环境等方面难以有效改善。中亚五国海关制度透明度低、边境手续繁杂，进口成本高，贸易时间长。据世界银行《2015 年全球营商环境评估报告》，2014 年，哈、吉、塔、乌四国进出口所需单证多达 8—13 份，平均进出口时间长达 60—110 天，一标准集装箱的进出口成本高达 4760—10650 美元，均远高于中国；同时，许可证发放、税费等因素也制约着中国对中亚农业贸易投资的增长。

（二）整体规划不足，支持服务体系滞后，影响中国与中亚农业合作潜力的充分发挥，双方农业合作规模小、层次低

目前，中国对企业到中亚开展农业投资缺乏国家总体规划，企业到中亚开展农业投资所获的政府担保、投资信息、财政支持及保险服务有限。考虑到中亚大部分国家政局不稳、政策多变、行政效率低、投资开放程度不高等原因，大型企业很少前往投资，而民营小企业则囿于资金、信息和人才有限，难以与美日韩等国的企业竞争，且由于缺乏整体规划，即使到中亚进行农业投资的企业也经常一哄而上甚至恶性竞争，影响了中国与中亚农业互补性与合作潜力的充分发挥，双方农业合作规模小、层次低、领域窄。2013 年，中国与中亚五国农产品贸易额仅占双方贸易总额的 2%。同时，双方农产品贸易主要集中在粮食、水果、棉花等初级产品上，农业投资主要集中于粮食、卷烟等产品的生产和加工领域。

（三）过境运输基础设施落后，口岸运输换装能力不足，运输成本高，物流瓶颈制约地缘优势发挥

首先，在通关口岸方面，新疆阿拉山口口岸为中国与中亚进行农产品贸易的主要通道，但其通关过货能力已近饱和，且哈国多斯特克站铁路换装能力有限，使阿拉山口口岸进出口货物不能及时出运，制约了新疆地缘优势的充分发挥。至 2014 年，阿拉山口口岸年通关过货数量已由 1991 年的 15.8 万吨提升至 2545.1 万吨①，口岸瓶颈更加突出。同时，多斯特克站准轨场仅有 13 条线

① 数据来源：中国新闻网，http://www.chinanews.com/df/2015/01-08/6949168.shtml。

路，且换装设备老化、人力不足，每日最大综合换装能力仅为 450 车左右，无法满足每日 650 车的换装需求。其次，在道路运输方面，中国与其在中亚的主要贸易伙伴——哈国的贸易物流主要由第二亚欧大陆桥上哈国阿克斗卡至新疆阿拉山口实现，但该路段的铁路为单线，运力有限。同时，多斯特克口岸至乌恰拉尔的公路长年失修，路况很差。由于没有铁路通达中亚，喀什综合保税区难以有效推动新疆对中亚出口农产品。

三 加强中国与中亚五国农业合作的建议

丝路建设为强化中国与中亚五国的农业贸易合作提供了难得的历史机遇。针对目前中国与中亚五国农业合作存在的问题，为进一步促进双方农业合作，充分发挥双方的农业互补性，提出以下几点建议。

（一）建立农业合作长效机制，加强政策沟通，推进双方贸易和投资便利化，促进双方农业合作发展

加强与中亚有关政府部门的协调沟通，尽早启动与中亚进行农产品贸易、投资与合作协定谈判，签订框架协

定，深化与中亚五国在海关标准、检验检疫、认证许可等方面的政策交流。探讨与除乌国之外的其他中亚国家签署长期贸易协议的可能性，加快推进中国—中亚自由贸易区的建设，签订投资保护协定，提高贸易措施透明度，简化边界手续，推进贸易投资便利化，降低贸易成本和投资成本。利用对外援助和经贸谈判，建立与市场机制相配套的持续长效的贸易投资仲裁协调、科技人才交流、合作信息咨询、合作风险防范等方面的农业合作机制，从国家层面营造稳定、公正、透明、有序的贸易投资环境。

（二）加大规划引导，强化对中亚农业投资与合作的政策支持和服务水平，促进双方农业产品资源互补优势的充分发挥

抓紧制定实施对中亚农业贸易投资的战略规划及政策措施，加强对国内企业到中亚开展农业投资的宏观指导和政策支持，重点鼓励大型高科技企业参与中亚农业贸易投资合作。一是制订更高层面的发展战略规划。从保障国家粮食安全、服务国家外交大局出发，抓紧制订中亚农业贸易投资的战略规划。二是为中亚农业贸易投资企业提供担保和信息支持。鼓励商业公司提供担保，

增设驻中亚农业参赞或外交官，建立电子商务平台。三是完善鼓励政策，加大财政和金融政策扶持。鼓励地方财政设立专项基金，给予企业投资财政贴息等政策，引导政策性银行扩大贷款规模。四是构建中亚农业贸易投资合作的保险体系，鼓励政策性及商业保险公司设立针对中亚农业贸易投资合作的险种，并给予保费补贴等。

（三）加强基础设施互联互通建设，改造口岸及毗邻地区的道路设施，降低物流成本，促进地缘区位优势的充分发挥

在尊重国家主权和安全的基础上，充分利用中国所倡议的亚洲基础设施投资银行和丝路基金，加强中国与中亚五国之间基础设施建设规划和技术标准体系的对接，改善中国与中亚口岸通关及道路设施条件，提升双方互联互通水平，提高物流速度。加快阿拉山口口岸的扩容改造；推进中亚各国签署《国际道路运输便利化协定》；投资改造哈国阿克斗卡至新疆阿拉山口的铁路干线，修缮多斯特克口岸至乌恰拉尔的公路，提高运输容量和效率。在可行的条件下，积极构建泛亚铁路，通过高铁将中国与中亚连通起来，进一步促进中国与中亚各国在农业领域的互联互通，更好地实现中国丝路建设第一站与贸易伙伴国的合作共赢。

参考文献

［1］林毅夫：《一带一路能让中国市场经济体系更完善》，《腾讯财经》2015 年 5 月 18 日。

［2］丁晓星：《丝绸之路经济带的战略性与可行性分析——兼谈推动中国与中亚国家的全面合作》，《人民论坛·学术前沿》2014 年第 4 期。

［3］李鸿林：《塔吉克斯坦农业发展简况》，《中亚信息》2008 年第 6 期。

［4］李豫新、李婷：《基于引力模型分析中国与中亚国家农产品贸易》，《俄罗斯中亚东欧市场》2012 年第 2 期。

［5］李豫新、朱新鑫：《农业"走出去"背景下中国与中亚五国农业合作前景分析》，《农业经济问题》2010 年第 9 期。

［6］彭文进：《中国与中亚国家农业合作的潜力》，《俄罗斯中亚东欧市场》2012 年第 1 期。

"双重挤压"背景下美国《2014年农业法案》调整对中国农业支持政策的启示

段丽娜　刘晓光　李晓波[*]

一　中国农业发展面临的新环境：国内外价格的双重挤压

中国加入世界贸易组织已十余年，中国农业在开放的大背景下，正在经历着严峻的考验，特别是近几年，国内外农产品价格产生了巨大变化，国内农产品成本逐渐攀升，国际农产品价格逐渐下降，对中国农业稳定发展提出了挑战。

* 段丽娜，沈阳农业大学经济管理学院，讲师。刘晓光，沈阳农业大学经济管理学院，副教授。李晓波，沈阳农业大学经济管理学院，副教授。

（一）农产品国内成本价格逐渐攀升

农产品国内成本受到诸如农业劳动力的价格、土地租金、农业投入物的数量和价格等多种因素的影响。近年来，农业劳动力价格逐年上升，种子化肥、农机农膜、农用机械等生产资料价格也逐渐上升，因此导致中国农产品成本价格出现了大幅度的攀升。以玉米为例，从图 1 可以看到，1976—2012 年，除了个别年份外，全国玉米的种植成本逐渐上升，特别是 2004 年以后，上升速度明显加快。2012 年的玉米种植成本为 742.98 元/亩，已经上升到 1997—1998 年玉米种植成本 311.9 元/亩的 2.38 倍之多。

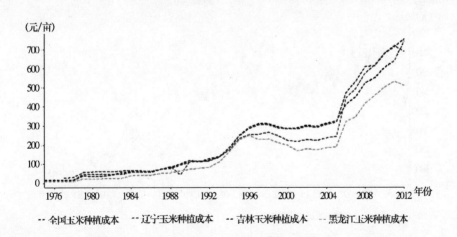

图 1　全国玉米种植成本走势

资料来源：历年《全国农产品成本收益汇编》和布瑞克农产品数据库。

农产品的种植成本上升，导致了农产品的价格也大幅度攀升。国内农产品成本价格大幅度攀升对农业的挤压效应非常明显，给中国农业的健康发展带来了巨大的压力和隐患。

（二）农产品国际价格逐渐下降

2008年全球金融危机后，受国外主要农产品生产国和出口国的农产品产量和农业贸易政策作用的影响，大宗农产品的国际价格逐渐下降，中国主要农产品的价格开始明显高于农产品国际价格或进口到岸价格，出现农产品国内外价格的倒挂。图2为全国玉米进口完税价格

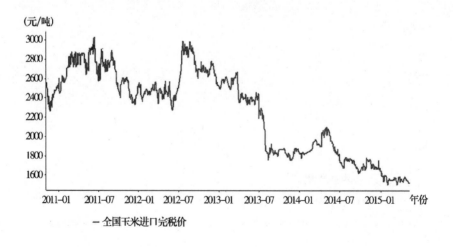

图2　全国玉米进口完税价格走势

资料来源：飞创信息、大连商品交易所，布瑞克农产品数据库。

走势，呈现总体下降趋势。2008 年中国只有大豆的国内价格高于国际价格，出现价格的倒挂；近年来，几乎所有的大宗农产品的国内价格都高于国际价格或进口的到岸价格。

（三）农产品价格国内外倒挂使得中国农产品进口量激增

在开放条件下，当到岸税后价低于国内价格时，必然刺激大量进口。表 1 是主要大宗农产品的净进口量情况。中国加入世界贸易组织（简称"入世"）之初的 2001 年，大豆、食糖、棉花、小麦均已经呈现了净进口的情况，尤其是大豆、小麦进口增速最快。玉米、大米和谷物 2001 年还处于净出口的状态，随着时间的推移，玉米、大米和谷物的贸易格局逐渐演变为净进口。

2014 年，中国粮食进口量为 1.06 亿吨，谷物、大米和大豆进口量同比增长 43.67%、46.45% 和 13.03%；小麦、棉花、食糖、玉米进口虽然放缓，但仍维持巨大的进口量。中国已经成为世界最大的农产品进口国。

表1　　　　　　　　　主要大宗农产品净进口量　　　　　单位：万吨

	2001 年	2005 年	2010 年	2011 年	2012 年	2013 年	2014 年
谷物	-532.7	-389.9	446.6	423.2	1316.9	1358.4	1951.6
小麦	2.6	293.9	95.4	93.0	341.5	550.4	300.4
玉米	-596.1	-864.0	144.6	161.8	515.3	318.7	259.9
大米	-157.7	-16.4	-23.4	8.2	208.8	176.1	257.9
棉花	13.6	273.8	312.2	354.0	539.2	449.2	266.9
大豆	1367.8	2617.7	5461.3	5242.0	5806.0	6316.6	7139.9
食糖	100.3	103.3	167.2	286.0	370.0	450.0	348.6

资料来源：历年《中国统计年鉴》。

二　美国《2014 年农业法案》调整

"美国农业法案"是农业补贴制度化的主要形式。2014 年 2 月美国通过了《2014 年农业法案》，该法案是美国自 1933 年实施农业保护以来的第 17 个法案，该法案相较于上轮的法案，农业支持手段出现重大调整，《2014 年农业法案》的一系列变化体现出了美国农业政策的调整以及新政策运行机制的变化。

（一）调整农业开支的分配比例，农业支持预算总量稳中有降

美国《2014 年农业法案》规定，2014—2018 年，政府每年农业开支约为 1000 亿美元，相较于 2012 年的 1563.56 亿美元的支出额，美国农业支持预算稳中有降；农业支持预算分配情况如图 3。《2014 年农业法案》值得关注的是取消直接支付补贴，标志着美国农业逐渐向以市场调节为导向转变。

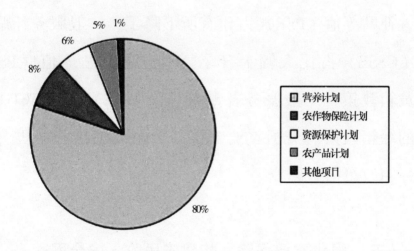

图 3　美国《2014 年农业法案》农业开支分配情况

注：其他项目包括贸易、信贷、农村发展、R&D 等。

资料来源：美国农业部网站相关数据整理所得。

（二）农业支持手段向绿箱化方向重大调整

《2014年农业法案》对农业支持手段做出了重大的调整，取消了直接支付（DP）、反周期补贴（CCPS）和平均作物收入选择补贴等项目，加大了农业保险的支持力度和覆盖范围。新设立的价格损失保险计划（PLC）和农业风险保障计划（ARO）属于与生产不挂钩的绿箱补贴形式。我们发现，相对于2012年，美国2014年农业补贴等值（TSE）虽然有所下降，但仍然维持在每年近1000亿美元的高位，不过其结构却有所变化，其中生产者补贴等值（PSE）占比有所下降了，一般服务补贴等值（GSSE）占比大幅上升了。生产者补贴等值（PSE）是黄箱政策，一般服务补贴等值（GSSE）属于WTO允许的绿箱政策。美国农业支持的黄箱政策措施向更合法的绿箱政策措施转变。

（三）强化农业保险，构建农民收入安全网

在美国《2014年农业法案》中，农业保险的作用得到了前所未有的强化和扩展，增加了针对高地棉生产者收入的新的保险产品STAX，补偿那些低于作物保险条款

承保一般标准的损失；加强了农业风险保障补贴，新建的补充保障选择计划为生产者提供 65% 的保险保费补贴。美国《2014 年农业法案》中农业保险能够有效地抵御自然灾害，确保农民收入的稳定，构建了农民收入的安全网。

（四）农业支持领域继续扩展

美国农业法案是一个综合性农业支持法案，并不仅仅围绕着农业生产，而是涉及整个农业产业与农村生态系统，其包含的领域非常广泛，如农业环境保护、农业贸易、农村发展、信贷支持、社区建设、农村能源、特色作物和园艺、农作物保险、科研教育和技术推广都属于农业法案的领域。美国《2014 年农业法案》支持领域继续扩展，除改革收入补贴项目、强化农业保险项目之外，还加强了农村宽带服务、远距离学习和医疗等基础设施建设项目的支持力度。可见，美国农业法案的领域在不断扩展。

（五）创建非营利性基金组织促进农业科学研究

美国《2014 年农业法案》为食品和农业科学研究创建一个非营利性基金组织——食品和农业研究基金会作

为科研研究的筹资渠道，促进农业科学研究和技术转让。美国《2014 年农业法案》将增加部分研究、推广及相关项目的资金。例如，每年安排的特种作物研究计划（Specialty Crop Research Initiative，SCRI）资金增加 100%；此外，还为食物与农业法律研究安排了每财政年度 500 万美元的财政授权。对土地研究机构、美国农业部研究机构以及其他机构，美国《2014 年农业法案》调整了竞争性科研项目配套经费要求。

三　"入世"后中国农业支持政策现状

2001 年，中国农业支持水平实现了由小额增幅到快速增长的历史性跨越，也充分体现了政府政策方向标向农业偏移的重大事实。2004 年，国家率先于推出了粮食直补、良种补贴和农机购置补贴三大惠农政策，2006 年又推出了农资综合直补政策。自此，中国的农业支持政策重点由流通领域向生产领域转移，实施农业直接补贴政策。2004—2015 年，12 个"中央一号文件"彰显了农业制度安排的主动性。农业支持政策主要包括种植业的四大补贴，它们是粮食直接补贴、良种补贴、农机购置补贴和农资综合补贴。中国的农业支持政策除了上述的四项补贴政策外，2015 年还实施了农机报废更新补贴试点政策、小麦和水稻最低收购价政策、农产品目标价格政策、农业防灾减灾稳产增产关键技术补助政策、深入推进粮棉油糖高产创建和粮食绿色增产模式攻关支持政策、测土配方施肥补助政策、耕地保护与质量提升补助政策、设施农用地支持政策、畜牧良种补贴政策、畜牧良种补贴政策、农业资源休养生息试点政策和农业保险支持政策等总计 50 项农业支持政策。

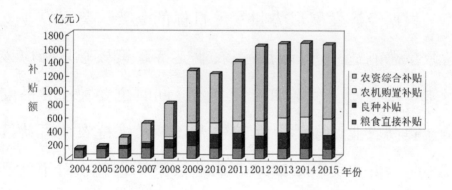

（亿元）

补
贴
额

□ 农资综合补贴
□ 农机购置补贴
■ 良种补贴
■ 粮食直接补贴

2004 2005 2006 2007 2008 2009 2010 2011 2012 2013 2014 2015 年份

图 4　2004—2015 年中央财政对农民四项补贴总额

注：2015 年农机购置补贴的数据用 2014 年的数据替代，粮食直接补贴、良种补贴和农资综合补贴数据是政府预算划拨资金。

资料来源：关于某年中央和地方预算执行情况与某年中央和地方预算草案的报告（2004—2015）相关数据整理所得。

在四项农业支持政策的引导下，中国已经取得了一些成绩，但我们也要看到当前农业和农村发展仍然处在艰难时期，农业基础设施薄弱、农村事业发展滞后、城乡收入差距扩大的矛盾依然突出。但随着中国经济步入新常态，农业面临着国内外价格倒挂局面、波动性风险和结构性矛盾、财政支农政策过于分散等诸多新的挑战。

四 美国《2014 年农业法案》
调整对中国的启示

根据经济发展形势和发展目标的需要，美国农业支持政策总能适时进行调整。农业支持政策核心目标应该是维护粮食安全和增加农民收入，同时也要关注食品安全、提高农业竞争力、保护生态环境、维持农业可持续发展等。此次美国《2014 年农业法案》调整，对于处于"入世"后面对国内外农产品价格"双重挤压"，既要维护粮食安全，又要增加农民收入、缩小城乡收入差距的中国而言，无疑具有非常重要的借鉴意义。面对当前形势，未来中国农业支持政策的调整必然要考虑如下方面。

（一）逐步完善农业补贴政策，实现农业支持绿箱化

美国《2014 年农业法案》决定取消反周期支付和直接支付，采取目标价格和收入风险补贴等手段对市场进行调节。借鉴美国经验，现阶段中国必须坚持市场化改革方向，科学配置补贴资源，逐步完善中国农业补贴政策，实现农业支持政策绿箱化。绿箱补贴既符合 WTO 规则，又可降低政府的执行成本和政策性风险，维护公平交易。2014 年，国家启动了东北和内蒙古大豆、新疆棉花目标价格改革试点，2015 年及以后国家应继续实施并不断完善相关政策。

（二）中央财政应继续加大农业支持力度，改善农业基础设施建设和推进生态可持续发展

美国《2014 年农业法案》安排专项经费改善农村供水及废水处理基础设施，支持农村用电系统更新升级，并提出要提高农村宽带覆盖率及入网率。政府每年划拨 60 亿美元资金资助资源保护和基础设施建设，用于兴建、维护大型水利设施等基础建设，并通过休耕、限耕等措施改善土地品质。农业基础设施具有公共产品属性，

它的优劣对于农业可持续发展、粮食增产以及农民增收都起到了关键的作用。要实现农业的长期稳定发展，政府必须投入大量资金支持农业基础设施建设，修建水利设施，提高土壤肥力、强化农业信息基础设施建设、稳保农业生态的可持续发展。虽然中国农业基础设施建设取得了一定的成绩，农业生态建设已经起步，但还需要更加强化财政的支持，进一步夯实农业基础，搞好农业生态可持续发展。

（三）建立和完善农业生产风险防范与农业保险制度

建立健全农业保险体系，通过实行农业保险制度，规避农业风险，对农业健康发展、维持农民收入稳定都非常重要。美国《2014 年农业法案》在农业保险领域加大了投入，将水果和蔬菜等园艺作物纳入作物保险，扩大了作物保险项目所覆盖的产品范围，还新增了对棉花的收入保险计划和对其他作物的补充保险选择项目。国家通过支持农业保险来支持农业发展符合 WTO 绿箱政策的要求。目前，中国财政提供农业保险保费补贴的品种有玉米、水稻、小麦、棉花、马铃薯、油料作物、糖料作物、能繁母猪、奶牛、育肥猪、天然橡胶、森林、青稞、藏系羊、牦牛，共计 15 个品种。借鉴美国经验，2015 年以后，国家将进一步加大农业保险支持力度和覆盖范围，以确保农民收入的稳定和持续增长。

（四）加大农业教育培训和科研支持，促进农业科技进步

美国《2014 年农业法案》对特色作物的研究资助金额增长超过 74%；创建非营利性基金组织为食品和农业科学研究筹资。美国农业的竞争力与政府对农业的教育投入和科研支持密不可分。借鉴美国经验，中国政府应该拨出专项经费，形成农业教育、科研、科技推广三位一体的科技服务体系。加快农业机械化和现代农业的建设步伐，促进农业科技成果转化。我们看到，中国农业教育和科研支持政策正在逐渐起步，2015 年中国已经开展农村实用人才带头人和大学生村官示范培训、新型职业农民培育、基层农技推广体系改革与建设补助。今后中央财政应进一步加大农业教育培训和科研支持，促进农业科技进步。

参考文献

［1］吕晓英、李先德：《美国农业政策支持水平及改革走向》，《农业经济问题》2014年第2期。

［2］彭超：《美国2014年农业法案的市场化改革趋势》，《世界农业》2014年第5期。

［3］蒲文彬：《美国农业支持政策的实施及其对中国的启示》，《生产力研究》2009年第23期。

［4］王月荣、张秀珍：《美国2014年新农业法案的特点、影响及其启示》，《世界农业》2014年第7期。

［5］夏益国、孙群、刘艳华、盛新新：《建构农业安全网：美国经验和中国实践及政策建议》，《农业现代化研究》2014年第3期。

［6］周应恒、赵文、张晓敏：《近期中国主要农业国内支持政策评估》，《农业经济问题》2009年第5期。

［7］朱满德、程国强：《中国农业政策：支持水平、补贴效应与结构特征》，《管理世界》2011年第7期。

［8］C. Edwin Young, Monte L. Wanderer, Randall D. Schleps, "Production and Price Impacts of U. S. Crop Insurance Programs", American Agricultural Economics, 2001.

金融衍生品工具在农业支持政策中的应用：巴西的经验

巴西位于南美洲东南部，国土面积为 851 万平方公里，居世界第五位，2014 年国内生产总值为 23494 亿美元，居南美洲首位、世界第七位。巴西是世界农业生产和出口大国，2014 年农业总产值约为 1116 亿美元，占国内生产总值的 5%；巴西也是金融业较为发达的新兴市场国家，2013 年巴西资本市场总市值为 3.19 万亿美元，在全球市场中位居第十五位。

众所周知，农业是国民经济的基础部门，但又是

---

* 张秀青，北京大商所期货与期权研究中心，高级研究员。

高风险的弱质产业。财力许可的国家都会采取措施对农业实施支持与保护，巴西也不例外。20 世纪 80 年代，巴西放弃了"进口替代"战略和"以农养工"政策，逐步确立了"优先发展农业和粮食"的经济发展战略。此后，巴西不断加大对农业的支持力度，重视金融体系对农业发展的促进作用，逐步建起了一套农业支持政策体系，并在其中嵌入多种金融衍生品等市场化工具，有效促进了巴西农业生产的稳步增长、农民收入的提高和贫困的下降，维护了社会公平与稳定。

一　巴西农业支持政策体系介绍

20 世纪 90 年代后期，巴西结束了农业的"负保护"状态，同时不断完善政策体系，农业支持水平呈现快速增长。目前，巴西的农业支持政策主要包括农业信贷、最低价格保证政策、农业保险及其他相关政策。（如图 1）

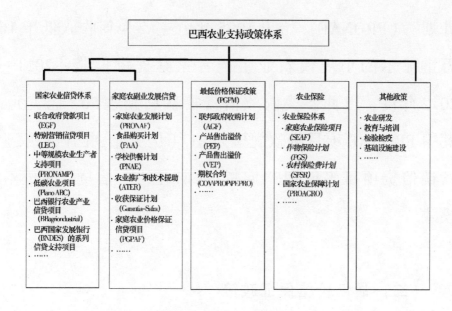

图 1　巴西农业支持政策体系

资料来源：世界贸易组织（WTO）、经济合作与发展组织（OECD）。

（一）农业信贷

农业信贷是巴西最主要的农业支持措施，主要包括两个层次。第一层是"国家农业信贷体系"（SNCR），这是 1965 年第 4829 号法令确立的制度框架，由中央银行负责管理。截至 2012 年年底，SNCR 共由 468 家金融机构组成，包括国有银行、合作银行、私有商业银行以及获准经营农业信贷的合作社等（WTO，2013）。第二层次是"家庭农业发展信贷"系列项目，由农业发展部（MDA）专门负责，其最主要信贷项目"家庭农业发展

计划"（PRONAF）始于 1995 年，主要为年收入低于 16
万雷亚尔的小规模农业生产者家庭提供信贷。2011—
2012 年度，巴西各类农业信贷贷款总额达 507 亿美元，
其中 PRONAF 项目贷款规模为 61.4 亿美元。巴西的农业
营销信贷项目多使用"期货/远期合约＋信贷"的运作
模式。

（二）最低价格保证政策

最低价格保证政策（PGPM）是巴西于 1966 年开始
实施的主要农业政策，由国家食品供应公司（CONAB）①
负责实施。CONAB 在每年农民播种前，根据国内需求、
库存情况以及国际市场形势提出"最低保护价"方案，
报农业部（MAPA）和国家货币委员会（CMN）审议，
经总统批准后，在播种前两个月以政令形式颁布实施。
CONAB 将在收获后以多种方式从农民手中购买农产品，

---

① 20 世纪 70 年代，巴西政府成立了巴西食品供应公司、巴西仓储公
司、巴西农业生产金融公司三大国营企业对粮食等实行垄断经营。80 年代
初，巴西政府因粮食增产和财政困难而逐步退出粮食流通市场，并将三大
公司合并为巴西国家食品供应公司（CONAB），其主要职能包括：一是参与
制定实施粮食最低价格政策，并负责管理国家的储备粮；二是实行帮助贫
民的"食物篮子"等特殊计划。

如 AGF 项目按照最低保护价从农户和合作社手中收购农产品，再如 COV、PEPRO、PROP 等项目是通过期权合约方式收购农产品。2011—2012 年度，最低价格保证政策支出总额达 7.6 亿美元。

（三）农业保险

巴西农业保险始于 1939 年国家再保险公司 IRB 的建立。目前，巴西政府建立了较为完善的农业保险体系和国家农业保障计划（PROAGRO），其中农业保险体系直接建立在财政支持基础之上，给予保费 50% 的补贴，主要由 IRB 和圣保罗州立国有农业保险公司 COSESP 经营；PRO-AGRO 由农业部、财政部、中央银行、巴西银行等组成的管理委员会监督实施，为参加计划的农民提供贷款，为给农民贷款的银行提供相同保障金额的保险，参加该计划的农户需缴保险金。现在，巴西农业保险体系覆盖范围包括农业、畜牧、水产、森林等领域。2011—2012 年度，农业保险中的 PROAGRO 计划赔付额达 7.7 亿美元（WTO，2013）。

二 金融衍生品工具在农业支持政策中的应用

金融衍生品是市场化的风险管理工具，既可以减轻国家财政负担，又符合 WTO 规则。1995 年以后，巴西先后推出了三种期权类最低价格保证政策，包括公共期权合约、私人部门期权风险溢价和农产品私人销售期权溢价；在信贷项目中，巴西使用农业期票、农业期票副本以及农业信贷票据等"期货/远期合约＋信贷"的运作模式，以支持国内农业发展。

（一）期权类最低价格保证政策

巴西在最低价格保证政策中嵌入如下三种期权工具。

1. 公共期权合约（COV）。COV 于 1996 年推出，是政府通过公开拍卖为生产者和合作社提供的在未来某一时间以"执行价格"向政府出售产品的权利。其中，执行价格由"最低保护价"加仓储和金融成本确定。CONAB 公布将要提供的期权合同，包括农产品种类和合约数量，并通过交易所对外竞价出售。当期权购买者决定行权时，CONAB 将在合约到期前通过两种方式执行合约，一种方式是由政府把市场价格与期权价格之间的差额直接补给农民，但产品仍由农民自己销售；另一种方式是由第三方，如学校、慈善组织等承担 CONAB 的职能，以期权执行价格购买相应的农产品。自实施以来，COV 的签约率和执行率都有提高，目前已经覆盖玉米、小麦、水稻、高粱、棉花和咖啡等作物。2000—2001 年度，由于巴西雷亚尔对美元大幅贬值，COV 支持水平为 –1.2 亿美元。2004—2005 年度，COV 支持水平由负转正，并不断增长。2011 年，COV 运用于 3.64 万手、98.3 万吨大米合约，价值 3.4 亿美元。

2. 私人部门期权风险溢价（PROP）。2004—2005 年度，巴西又推出了一种期权类政策工具——私人部门期权风险溢价。PROP 的运作流程与 COV 相似，但合约规定的农产品购买者是私人部门，政府的角色是组织贸易流通和为私人部门提供风险溢价。PROP 通过拍卖方式为私人部门购买农产品提供最高售价和执行价格之间的差价，愿意接受最小差价者中标。其中，出售农产品的最高售价由政府制定。从实施情况看，PROP 能覆盖大部分农产品，但巴西政府对该工具启动较少，2004—2005 年度和 2005—2006 年度分别对棉花、大米、木薯、玉米、大豆和小麦执行了 923 手和 3046 手合约（如表 1）。该期权工具最近一次运用是在 2008—2009 年度，执行了 1.24 万手大米期权合约，价值 1130 万美元。

表1　　　　2004—2005 年度至 2005—2006 年度 PROP 与 PEPRO

两种期权类政策工具实施情况　　　　单位：手

年份	品种支持工具	棉花	大米	木薯	玉米	大豆	小麦	合计
2004—2005	PROP	272	328	76	94	0	153	923
	PEPRO	0	0	0	0	0	0	0
2005—2006	PROP	0	239	161	2059	587	0	3046
	PEPRO	311	0	0	0	1324	0	1635

资料来源：OECD, Agricultural Policies in Non‑OECD Countries, 2007。

3. 农产品私人销售期权溢价（PEPRO）。在 PROP 推出后一年，巴西政府又推出了"农产品私人销售期权溢价"（PEPRO）。该工具是通过拍卖方式为生产者和合作社出售农产品提供执行价格和市场价格之间的差价，并在行权时直接付给生产者或合作社。该工具于 2005—2006 年度运用于棉花和大豆，分别执行了 311 手和 1324 手（如表 1）。2011 年巴西政府再次为 6.43 万吨大米和 5.27 万吨小麦的 PEPRO 期权持有者支付了价值 1050 万雷亚尔的溢价。

（二）"期货/远期合约＋信贷"模式。巴西农业信贷大致可分为营销信贷、生产信贷和投资信贷三类。其中，营销信贷多用"期货/远期合约＋信贷"的模式运作

1. 农业期票（Rural Promissory Note，NPR）/农业期票副本（Rural Duplicata，DR）。NPR 是农业产业下游代理商在规定日期购买一定数量农产品的远期书面信用凭证，DR 是农业生产者在规定日期卖出一定数量农产品的远期书面凭证。因而，NPR 和 DR 实际是远期农产品买卖合同。下游代理商等买方可将 NPR 作为抵押物从巴西银行或者其他金融机构获得 30 天的短期贷款，但是国家层面的农村信贷资源用于 NPR 和 DR 的比例不能超过 7%。NPR 也可以被看作一种便利下游农产品购销的信贷工具。1998—2004 年，NPR/DR 项目发展情况见表 2。2009 年，NPR/DR 项目合同价值超过 1700 万美元。

2. 农业信贷票据（Rural Product Certificate，CPR）。为了应对极度通货膨胀和信贷危机、解决农业融资难题，巴西于 1994 年创设了 CPR 工具。CPR 是一种非标准合约，承诺在未来某个时间、某一地点、交付一定数量产

表2 1998—2004 年巴西 NPR/DR 实施情况

单位:% , 千雷亚尔

NPR 和 DR	1998 年	1999 年	2000 年	2001 年	2002 年	2003 年	2004 年
小麦	0	4	3	1	2	4	–
玉米	1	3	5	3	2	2	–
水稻	0	1	0	0	1	4	–
大豆	19	14	15	11	8	7	–
棉花	8	1	0	1	2	5	–
咖啡	2	1	2	2	3	9	–
甘蔗	33	13	19	17	25	44	–
橙子	16	1	5	12	6	11	–
屠宰牲口	78	29	20	15	16	31	–
牛奶	69	15	0	25	21	36	–
总规模	173436	567221	799440	1142143	1236690	962269	273736

资料来源: OECD, Review of Agricultural Policies – Brazil – ISBN 92 – 64 – 01254 – 0 –

OECD 2005。

品的凭证,实际上是附加了农产品远期合约功能的债券。CPR 实行"以产量控制发行量"和两级登记制度。农业生产者发行 CPR 工具,必须在当地财产登记机构登记农作物种植信息,然后才能作为民间直接融资载体进行流通。如果 CPR 要进入金融系统流通,必须在巴西中央银行授权的证券登记托管机构登记。登记结算机构实际上对民间流通的 CPR 与金融系统流通的 CPR 进行了风险隔离。在初创阶段，CPR 由国有银行和国家再保险公司进行担保，结算方式为实物交割，是一种纯粹的远期合约，在控制风险的同时，也限制了 CPR 的流动性。2001 年，CPR 增设了现金结算方式，为银行业金融机构参与 CPR 买卖提供了便利，此时 CPR 发展成为"远期合约 + 债券"模式。2004 年，巴西银行创造出了 CPR 指数，直接在巴西期货交易市场上市流通，提高了 CPR 工具标准化程度和流通效率。截至 2011 年年末，在 Cetip（巴西托管结算所）和 BM&F Bovespa（证券清算所）两大巴西央行授权托管机构托管的 CPR 余额超过 200 亿美元，民间利用 CPR 工具进行融资的规模，是正规金融系统登记规模的 10 倍，因此 CPR 开辟了农业直接融资渠道，开辟了农业融资的多元化发展的道路[①]。

巴西在农业政策中不仅善于运用金融工具，还非常注重让多种金融工具相互协调配合来发挥合力。例如 EGF – COV，就是信贷与期权的结合，即巴西联合政府信贷项目（EGF）为农业生产者提供短期优惠信贷，并将其农产品或畜产品作为抵押；根据合同规定，借款人

[①]　黄德勇：《联结民间金融和正规金融的桥梁——巴西 CPR 工具制度设计及启示》，《区域金融研究》2012 年第 8 期。

可以选择以约定价格放弃抵押品来还贷，即 EGF 附带以农产品销售为目的的公共期权合约（COV）。

三　巴西农业政策实施效果分析

巴西政府实施的一系列农业支持政策取得了良好效果，不仅促进了粮食产量、出口量和农民收入的提高，也维护了社会稳定。

1. 粮食产量和出口量不断增加。据 FAO 数据，20余年以来，巴西农牧业生产能力明显增强，种植面积从 1990 年的 3040 万公顷增加到 2013 年的 3753 万公顷，年均增幅近 1%；粮食产量①从 0.54 亿吨增长到 1.85 亿吨，年均增幅 5.5%，尤其是 2000 年以后年均增速提高至 6.7%。这不仅能满足本国粮食需求，还能大量出口创汇，农产品出口额从 1990 年的 87.6 亿美元增长到 2010 年的 796.3 亿美元，年均增幅 11.1%，特别是 2000年以后年均增速显著提高至 18.1%。

2. 有效提高收入、减少贫困和促进社会公平。自 20

---

① 粮食产量为 FAO 口径统计数据"谷物"和"粗粮"的合计值。

世纪 80 年代末以来，巴西一系列农业支持政策的实施也使得社会指标得以明显改善。1990—2013 年，巴西国家贫困线以下人口占总人口的比重从 41.9% 下降到 8.9%，收入最低的 20% 人口收入占总收入的份额从 2.2% 上升至 3.4%。

另外，根据 Deser 于 2005 年所作的政策评估结论看，最低价格保证政策、食品采购计划等措施直接从家庭农业生产主体购买食物，CONAB 发布的最低价格也积极影响所有自治市市场上的食物价格，进而对改善收入、稳定家庭农业生产组织以及从数量和质量上提高受助家庭的食物和营养状况方面起到了积极作用（DESLR，2005）。其中，期权类政策工具的实施在保证农民收益和公共储备的同时又在一定程度上减少了相应的财政预算。

四　对中国完善农业支持政策的启示与借鉴

近年来，中国粮食领域呈现高产量、高库存、高价格、高进口的"四高"叠加特征，严重依赖财政的主要农业支持政策面临巨大挑战。巴西在农业政策中灵活运用市场化工具的做法将为中国完善农业支持政策体系、理顺农业产业链条提供重要思路和政策借鉴。

（一）继续加大农业支持力度并完善操作方法

根据"入世"承诺和 WTO 规则，中国不能使用巴西所用的发展箱政策支持农业发展，而仅能使用绿箱政策。今后中国应大力加强绿箱政策支持和调整黄箱政策结构并补贴方式。首先，不断增加绿箱政策支持投入并以法定形式确定下来，进一步加大对与生产不挂钩的直接支付、资源储备、区域发展、结构调整补贴等新领域的支持力度，并适当调低粮食安全储备支出，同时确保全部投入真正用于农业部门。其次，中国今后应完善现行农业补贴政策的操作方式和实施细则，理顺农业、财政、统计、国土、司法等相关部门之间的关系，增强农业补贴的精准性和指向性，提高政策执行效率。

（二）加大市场化农业政策工具创新力度并有效推广

根据巴西经验，金融工具不仅可以丰富农业支持政策，还可以让市场在农业资源配置中发挥更大作用。因此，中国应加快推出农产品期货期权、农产品指数等交易工具，推动农产品场外期权健康发展，研发农产品价格保险、指数保险等产品，与当前的农业支持政策相互衔接，比如研究探索利用农产品期权、新型农业保险开展农业补贴的可行性，这些既属于 WTO 绿箱政策，又可全面保障农业发展。同时，加强与相关监管部门的沟通协调，消除新型政策工具发展的障碍，比如风险管理子公司开展场外期权的税收问题、统一结算问题、新产品开发所需信息的共享机制等。

（三）探索信贷、保险、金融衍生品等工具协调发展

借鉴巴西经验，中国应积极探索信贷服务、保险服务与金融衍生品抵押和套期保值业务相结合的有效途径，构筑保障农民基本收益的金融安全网机制；继续推动"订单＋场外期权/保险＋期货市场＋信贷"等订单农业模式创新，推动将涉农主体期货套保情况作为发放农业信贷的授信要素之一，支持保险公司在开发设计收入保险、价格指数保险等新型农业保险产品时，将期货市场价格信息作为参考，并利用期货、期权工具对冲风险；清除对银行、保险等机构投资者运用衍生品工具对冲风险的制度障碍，取消对企业运用风险管理工具的不必要限制。

参考文献

［1］黄德勇：《联结民间金融和正规金融的桥梁——巴西 CPR 工具制度设计及启示》，《区域金融研究》2012 年第 8 期。

［2］若泽·格拉济阿诺·达席尔瓦等编：《零饥饿计划：巴西的经验》，许世卫等译，中国农业科学技术出版社 2014 年版。

［3］宗义湘、闫琰、李先德：《巴西农业支持水平及支持政策分析——基于 OECD 最新农业政策分析框架》，《财贸研究》2011 年第 2 期。

［4］WTO，Trade Policy Review：Brazil，2013.

［5］OECD，Agricultural Policies in Non – OECD Countries，2007.

［6］OECD，Review of Agricultural Policies – Brazil – ISBN 92 – 64 – 01254 – 0 – OECD，2005.

［7］DESER，*Compras governamentais*：o Programa Brasileiro de Aquisi o de Alimentos，Brasília，2005.

澳大利亚的荔枝农场和产业组织[*]

陈风波[**]

澳大利亚荔枝最早在 19 世纪初，由中国移民将种子带入，在 20 世纪 30 年代从中国引入压条苗，商业化种植始于 20 世纪 70 年代。澳大利亚荔枝生产主要分布在东部沿海地区，其中 60% 分布于昆士兰州中部以北的亚热带地区。Christopher（2002）提到在澳大利亚大概有 320 个荔枝种植者，生产约 3500 吨荔枝，种植面积约为

---

　* 应澳大利亚昆士兰州政府区域产业开发部高级农艺师 Yan 先生邀请，华南农业大学荔枝龙眼现代产业技术体系产业经济岗团队对澳大利亚昆士兰州荔枝产业发展进行了考察，交流了中澳两国荔枝产业发展的经验。报告主要由陈风波执笔，考察组成员庄丽娟教授、齐文娥副教授、左两军副教授以及林家宝副教授提出了修改意见。
　** 陈风波，华南农业大学经济管理学院，副教授。

1500 公顷，产值在 1500 万澳元左右，并呈现稳定的上升趋势。澳大利亚荔枝种植者协会现任主席 Derek 估计当前澳大利亚荔枝总面积为 2000—2500 公顷，2014 年产量约为 1900 吨。

由于澳大利亚处于南半球，从北向南，随着纬度的升高，荔枝成熟的季节相继来临，荔枝采收季节从 10 月份到来年 3 月份，历时 4—5 个月。这也导致澳大利亚荔枝价格随着时间变化呈现倒 U 型曲线。

为详细了解澳洲荔枝产业状况，在澳大利亚昆士兰州政府区域产业开发部的帮助下，调查组对澳大利亚昆士兰州的荔枝种植者协会、荔枝销售组织和销售代理进行了调查。本文主要内容即来自于此。

一　澳大利亚荔枝种植者情况

考察团主要考察了位于昆士兰州的 Tomarata 果园和 Emperors Choice Lychee 果园。Tomarata 果园的农场主 John 和妻子、儿子一起管理果园。果园约 80 公顷，荔枝种植面积约为 9 公顷，一共有约 3000 棵荔枝树，养殖几十头牛。Emperors Choice Lychee 农场大约有 32 公顷，农场只经营荔枝，种植面积约为 18 公顷，有荔枝树 2600 棵。

两个农场的荔枝树全部按规则的行株距栽种，果园架起铁架用大型尼龙网封闭，以防止果蝠和鸟类在荔枝成熟季节偷食和破坏。树冠管理采用机械修剪，以手工修剪进行辅助。两个荔枝农场都有荔枝采摘后的处理设备，包括分级包装流水线和冷库及一些荔枝产品加工设备。工人采摘荔枝后集中放入塑料筐，由运输车送入预冷库，用冷水冷却，然后转入分级流水线。包装流水线直接和冷库相连，荔枝包装好之后直接进入冷库。第二天早上会有物流公司直接到农场将荔枝送到超市进行销售。

Emperors Choice Lychee 果园只销售新鲜荔枝，而 Tomarata 农场的农场主和妻子开一个荔枝加工品商店，销售的荔枝加工品包括荔枝沙拉、荔枝酒、荔枝果酱和荔枝冰淇淋，他们也通过网络销售产品，拥有了自己的品牌"Lychee Divine"。Emperors Choice Lychee 也拥有自己的品牌，有更为详细的荔枝分类标准和操作规范。

二　澳大利亚荔枝产业组织

从生产技术来看，澳大利亚生产者在很多方面在学习中国，包括引进中国的品种、采用环割以控制荔枝生长和花期，引进中国荔枝加工机械，但在产业组织发展方面，却是远远领先于中国。中国的荔枝产业组织则是在最近5年开始发展，且主要集中于农民专业合作社的发展。考察团在访问期间主要接触了荔枝种植者协会、荔枝销售组织、销售代理、负责农产品出口病虫防控的辐照公司和出口运输公司等。

（一）荔枝种植者协会

澳大利亚荔枝种植者协会（Australia Lychee Growers Association，简称 ALGA）是一个自发性组织，也是受到澳大利亚第一产业部支持的农业政治性组织，主要作用在于代表荔枝生产者协调荔枝研究、化学药品注册、市场准入和环境问题等。ALGA 的主要作用有三个：产业研发；起到游说团作用，在政策上向政府建议；决定如何使用研发费用。

ALGA 的资金来源包括加入 ALGA 的成员的会费及荔枝特产税返还部分。从 2008 年开始荔枝种植者按每公斤 0.08 澳元，或每盒（5 公斤）0.40 澳元的标准上缴特产税，那些没有加入协会的种植者也必须按此标准上缴这笔费用。大约 60%—70% 的荔枝种植者加入了 ALGA。特产税由销售商直接划入政府财政账户，然后再转移到 ALGA 账户。这笔资金中，约 1/3 用于市场，2/3 用于研发，政府会对研发部分资金进行 1∶1 配套。

尽管 ALGA 并不主要负责荔枝销售，但在国际市场开拓方面会参与，并会对相关行业标准，如病虫害防治、农药使用、产品等标准提供相关支持，解决整个行业的问题。

（二）荔枝销售组织

在 ALGA 内部，昆士兰州的荔枝种植者在 18 年前又组成了荔枝联合市场协会（United Lychee Marketing Association，简称 ULMA），为非营利性组织，主要作用是为昆士兰州不同地区的荔枝种植者销售荔枝。为了解决物流管理的问题，在 ULMA 下面成立三个区域性组织管理地区会员的日常活动。会员主要通过邀请然后自动成为协会会员，会员在数量上受到控制以保证避免出现供给量过大的问题，同时保证有信誉的种植者成为协会成员。三个区域协会的经费由成员自己缴纳，每销售一盒荔枝（5公斤）收取0.1澳元费用作为协会运转费用。所有ULMA成员必须严格采用协会的质量保证标准和食品安全标准。这是协会唯一保证用协会商标标识的包装好的荔枝都是具有相同高质量品质的方法，所有的协会成员都会获得完整的荔枝安全标准的完整文件。

在昆士兰州北部、中部和南部三个区域各有两名种植者代表，每年会定期开会讨论相关事宜。ULMA针对出口市场，创立了Sun Lychee集团，出口的产品统一使用Sun Lychee这一出口品牌。集团成立已有20年历史。种植者可以"年"为时间单位申请加入，产品的质量达到标准，就可获得使用这一商标的权利。年使用费用为每公斤2澳分，或者每盒10澳分。

ULMA建立了一个网络系统，协会成员将各自的信息录入系统。协会的主要作用是：确保产品质量和辐照协议；协商市场代理；产品包装统一使用Sunlychee；控制三个区有合适的成员数量。销售协会前负责人提到协会成功运行的四个主要因素：持续的产品供给（continuity of supply）、质量上的保证（quality assurance）、统一的品牌标识（brand recognition）、单一的交易平台（single desk marketing）。

（三）销售代理

ULMA 选择专门的代理商代理国内外市场，代理商负责产品检疫、产品运输、与国内外进口商价格沟通等程序。对于出口产品，根据货款收取 5% 的佣金，销售收入扣除检疫程序、辐照防疫、运输成本及代理费用之后，剩余部分返还给 ULMA；对于国内市场，代理商收取 3% 的佣金。种植者协会的产品往往由专业物流公司运输，由代理商确定运输线路之后，物流公司负责运输到相应地点，出口物流运输则由专门的物流公司承担，运输费用由协会成员负担。代理商先生反映，由于荔枝属于小宗产品，销售量较小，而相关工作程序并不能减少，工作量较大，获得利润较低。

（四）荔枝出口防疫和检疫

澳大利亚本土荔枝消费市场主要集中于在澳大利亚居住的亚洲居民，特别是来自中国大陆、中国香港、中国澳门，以及越南、泰国的移民，市场容量非常有限，农场主和协会特别关注对国外市场的开拓，而出口检疫达标是其中最为重要的议题。由于荔枝保存期短，采摘后短期鲜食才能保证口感和质量，同其他农产品的重大差异，加热、冷冻和熏硫等都会极大破坏荔枝质量。澳大利亚现在针对荔枝出口的主要标准是辐照，通过利用放射性元素进行辐照以达到杀灭主要病虫害的目标。在实施这种标准之后，出口到新西兰的产品都使用辐照，已有7年多的贸易历史，效果很好。但通过辐照方式进行病虫害杀灭面临消费者对产品安全的质疑，同时也会面临产品进口国标准接受问题。Steritech辐照公司是昆士兰州唯一的商业辐照公司，对相关进出口农产品及医疗用品进行杀菌防疫，现在鲜活农产品使用辐照已经成为该公司业务成长的重点领域。

市场代理完成辐照检疫过程要完成一系列文件程序，主要包括：（1）代理人Martin先生向Steritech辐照公司提出申请，申请表格的信息包括申请人、产品品种、种植农场、需要的辐照剂量（剂量标准依据新西兰和澳大利亚的协议）；（2）ULMA协会的发货记录单；（3）检疫记录单（随货物发给海外进口商）；（4）辐照完成后，

Steritech 出具辐照证明；（5）澳大利亚政府农渔林部门出具的产品检疫证明。付给政府检疫检查人员的收费标准是按时间计算，半小时费用 150 澳元；（6）由运输企业运输出口。

另外，荔枝种植者可以申请使用 Fresh care 的标签，这是澳大利亚农产品行业质量保证方案，该标签表明产品的品质和新鲜，对生产过程中对环境的保护，以及种植过程和农场基础设施的干净等方面的要求等。

三　澳大利亚的荔枝产业发展对中国的启示

澳大利亚的荔枝产业尽管规模有限，政府对荔枝产业的支持非常少，但几乎所有的生产者都拥有规模化的果场，果场有着良好自动灌溉设施，拥有自己的分级包装和冷藏设备，生产者几乎都加入了生产者协会，有专门的销售组织、代理商和物流企业帮助他们处理后期物流和销售活动，产业内分工非常明确，农场主是专业从事荔枝生产，对荔枝生产和市场行情很了解，他们甚至有自己的品牌，可以联合起来开拓国际市场。中国的荔枝生产者是成千上万分散的小农，他们资金投入有限，生产规模较小，没有自己的分级储藏设备。中国的规模化果场才开始出现，产业协会刚刚开始组建。总体来看，中国荔枝产业可以从如下几个方面向澳大利亚荔枝产业学习。

1. 要培育专业化和规模化的荔枝生产者。生产规模是荔枝产业专业化生产的基础，当生产规模扩大之后，生产者才会在自动化喷灌系统、产品分级包装设备、冷库等方面进行投入，也只有这些产后加工条件具备之后，荔枝销售市场才会变得成熟，产品能分等分级，优质优价，消费者才会逐步建立产品忠诚度。

2. 发展中国的荔枝种植者协会和销售组织。学习澳大利亚荔枝产业，建立自己的种植者协会和销售组织是解决生产者之间无序竞争的最主要手段。生产者协会建立可以逐渐形成生产者的品牌，建立生产标准和产品质量标准，生产规模形成将提高生产者的市场谈判力；而销售组织的建立则可以形成代表生产者利益的市场主体，专门为生产者解决销售问题，专门和其他市场主体如销售商、代理商和运输企业进行谈判，在很大程度上解决产后环节的问题。

3. 为荔枝生产者建立生产操作规范和产品质量标

准。中国荔枝生产至今缺乏统一可供指导农户的标准，即便是规模化的果场，荔枝的品质也主要是依赖于农户主观的判断。中国的现代荔枝龙眼产业技术体系可以制定相应的生产操作标准和产品质量标准以供农户使用，以便为未来的产品质量认证提供基础。

4. 重视荔枝产品的标准化和包装环境，减少荔枝运输重量和运输成本，延长货架期。澳大利亚荔枝全部销售粒果，分等分级，冷藏运输。这种方式可以实现优质优价，减少了包装盒的空间，减轻运输重量，延长了货架期，保证了产品销售期间的质量，减少了损耗。

5. 建立稳定销售代理合作机制，改变以往一锤子买卖模式。中国荔枝收购商和生产者在交易完成之后，双方的利益便终止了，是典型的零和博弈。收购商收购价格低，生产者受损；收购商收购价格高则自己利益受损，生产者得利多。通过专业的销售代理，以一定代理费的比例则可以使代理和农户之间形成利益共同体，通过销售组织和销售代理构建生产者的利益代言人，形成稳定合作机制。

6. 通过行业协会发展形成行业利益，推动扶持政策，开拓新市场。当前荔枝行业利益逐步凸显，生产者往往一损俱损，生产、加工、运输和销售各个环节之间存在利益冲突，而非合作共赢关系。通过生产者协会、销售组织等的建立，可将不同产业链进行整合，形成产业内部调整的动力，通过统一开拓国际市场和国内市场，减少单个生产者的市场开拓成本，通过制定产业标准对产品质量进行控制，形成稳定的价格机制。

7. 荔枝加工的发展空间还有很大。澳大利亚一个荔枝农场可以生产各种风味的荔枝酒、荔枝酱和荔枝冰淇淋等产品，并获得相当的盈利，这意味着荔枝加工业依然有着很大发展空间。中国的荔枝生产者并非一定要依赖于加工商，可以围绕荔枝生产发展出自己的荔枝加工业，增加产品附加值，并使得荔枝产品全年供应，产生持续的影响力。

8. 国际市场有很大潜力可以开拓。澳大利亚荔枝大量出口到新西兰、中国香港等地，包括他们正在开拓的美国市场，这意味着尽管澳大利亚荔枝价格生产成本如此高昂，但依然有很大的国际市场空间，而中国荔枝生产成本远低于澳大利亚，品种远多于澳大利亚，部分优质品种的品质也要远远好于澳大利亚，可以大力开拓国际市场，一方面可以增加生产者的盈利空间，另一方面可以缓解国内市场的压力。但国际市场的开拓需要政府和协会的前期参与，也需要生产者组织起来，生产出符合出口要求的标准产品，并在产后环节各个主体进行紧密合作。

参考文献

［1］黄旭明、陈维信、林顺权、吴振先、胡桂兵:《澳大利亚荔枝产业考察报告》，荔枝行业科技网，2008 年 5 月 5 日。

［2］Christopher Menzel，"Lychee Production in Australia"，*Lychee production in the Asia – Pacific Region*，Edited by Minas K. Papademetriou，Frank J. Dent Food and Agriculture Organization of the United Nations，Regional office for Asia and the Pacific，Bangkok，Thailand，March 2002.

东亚信用合作运行模式、
发展经验与启示

高　强　张照新[*]

党的第十八届三中全会和 2014 年中央一号文件明确提出，允许农民合作社开展信用合作。目前，各地合作社开展信用合作的积极性很高。但对于怎样开展、如何防范市场风险，还没有明确标准和办法。日本、韩国以及中国台湾地区的农业合作社都有着 100 年以上的发展历史，在信用合作领域形成了"东亚模式"。这些国家和地区与中国有着相似的文化传统、资源禀赋和社会结构，总结和借鉴"东亚模式"，对中国研究制定农民合作社

* 高强，农业部农村经济研究中心，助理研究员；张照新，农业部农村经济研究中心，研究员。

开展信用合作的相关办法以及深化农村金融改革具有重要指导意义。

一　东亚农业合作社发展现状及信用合作业务

日本、韩国以及中国台湾地区的农业合作社都有着100年以上的发展历史，在世界合作经济领域形成了独具特色的"东亚模式"。在合作金融方面，日本、韩国及中国台湾地区农业合作社都重视信用合作业务，设立了单独的信用合作部，并以此为基础建立了体量庞大、功能完善的合作金融体系。农业合作社及其信用合作业务为日本农业发展做出了巨大贡献，对于农民增收、农业产业发展和农村社会稳定发挥了关键作用。

（一）日本农协及其信用合作业务

日本农协的前身可以追溯到"第二次世界大战"前的农业会，具有产业协会的性质。据统计，截至2014年12月，日本共有各种全国性联合会18个，都道府县联合会207个，基层综合农协708个，各类专门农协2011

个。有 90% 以上的农户是农协的社员，共有社员 969 万人，其中，有正式社员 472 万人、准社员 497 万人①。日本农协以独立于商业银行的方式开展信用合作，开展吸收社员存款、办理结算和发放贷款等业务。农协的存款利率一般比其他银行高 0.1%，并可以自主决定贷款利率、贷款额度及投向，实行独立核算、民主管理。在不损害会员利益的前提下，农协也可以向非会员贷款，但规定贷款数额不超过贷款总规模的 20%。基层农协是直接与农户发生信贷关系的机构，入股的是市、町、村的社员，协会内部还要求农户把农产品销售款及从农协分到的利润的一部分或者全部存入农协。社员在生产过程中所需的资金服务，均在基层农协的内部结算。信农联是日本农村合作金融体系的中层机构，在基层农协和农林中央金库间起桥梁纽带作用。农林中央金库是整个系统的最高层，由各地农业和渔业信用联合会、森林组合联合会以及其他团体等出资构成。它在全国范围内对资金进行融通、清算，按照国家法令营运资金，并向信农联提供信息咨询等服务，指导信农联的工作。在满足信

---

① 参见日本农林水产省『農林水産基本データ集』，http://www.maff.go.jp/j/tokei/sihyo/index.html。

农联的资金需求后，农林中央金库也向关联企业如生产化肥、农业机械等的大型企业发放贷款。

从经营规模来看，随着农协准社员数量的增加以及农民收入大幅提高，基层农协的各项存款余额呈逐年递增的趋势。从 1990 年到 2010 年，日本基层农协吸收的储蓄从 561629 亿日元增加到 875401 亿日元。然而，相较逐年增加的储蓄来看，农协贷款增加幅度并不明显，储贷率基本维持在 30% 左右。在这种情况下，日本农协信用合作业务呈现出多样化的发展趋势。各级机构向上转存到农林中央金库的剩余资金可以从事证券投资等业务。近年来，农林中央金库的证券投资业务占很大比重，到 2005 年以后投放到证券投资的金额甚至达到发放贷款的 3 倍。

（二）韩国农协及其信用合作业务

韩国农协的前身最早可以追溯到日据时期成立的金融组合。1957 年，韩国颁布《农业协同组合法》。1958 年，韩国农协中央会依法成立。1961 年 9 月 29 日，韩国政府颁布了新的《农协法》。依据该法，当时的农业银行并入农协中央会，改为农协银行，成为韩国农协内部的信贷部门。2000 年，韩国又将独立经营的畜协中央会等并入农协中央会。至 2010 年年底，韩国农协共有各类机构 5663 个，其中，有基层农协 1171 个（包括 1098 个地区农协和 82 个专业农协）、农民社员 2447765 个，几乎覆盖了所有农民。韩国农协的总资产为 286.97 万亿韩元，税后利润高达 7047.27 亿韩元。

金融事业是韩国农协盈利能力最强的部门，支撑着农协组织的运行，并为其他事业提供资金支持。韩国农协的金融事业由农协银行和信用合作业务两部分组成。农协银行是由农协中央会出资成立，是适用《农协法》的特殊法人。为适应市场竞争的需要，2012 年 3 月 2 日，农协银行从农协中央会正式分离，成为农协中央会控股、保留农协标识的独立银行。新的银行总资本达 15 万亿韩元，其中政府出资 5 万亿韩元，农协中央会出资 10 万亿韩元。农协的信用合作业务继续保留，并以基层农协信用部为载体，为社员提供金融服务。基层农协的信用合作业务始于 1969 年，主要用于农户的自我服务和支持农协相关业务的开展。2010 年年末信用合作存款余额为 195 万亿韩元，贷款余额为 134 万亿韩元，存贷比为 68.7:100。2010 年年末，农协中央会合作金融资产有 65

万亿韩元。从员工结构来看，韩国基层农协的雇员总数约有7万人，其中70%—80%从事金融业务。农协中央会的雇员有2万多人，其中约1.5万人从事金融业务，行政办公人员仅有约500人。可见，信用合作部是韩国农协的骨干部门，在农协整个运营过程中占据重要地位。

（三）中国台湾农会及其信用合作业务

中国台湾农业合作组织包括农会、农业合作社、合作农场、农业产销班等多种形式。台湾农会是具有多目标的综合性农民合作组织，从事推广、供销、信用、保险等多项事业。台湾开展信用合作的农业合作组织主要以农会为主，资金规模最大，影响也最为深远。台湾农会的前身是日据时期的农业会，由农会系统（含农会及畜产会）及产业组合（含信用、购买、贩卖、利用等产业组合）合并而成。目前，台湾的三级农会分别是省农会、市县农会和乡镇农会，总数为343个，其中省级农会有3个，县（市）级农会有25个，乡镇农会有315个，基本上是一个乡镇一个农会，少数地方由相邻的两三个乡镇共同组织一个农会。到2013年年底，台湾农会有团体会员（单位数）301个，正式会员有1044968人，其中，包括自耕农 939577 人、佃农 47276 人、雇农 55054 人，其余为农校毕业人员和农林牧场员工，有赞助会员 892397 人；团体赞助会员中，农业合作组织有 100 家，企业有 1408 家①。

根据《农会法》规定，台湾基层农会可设有信用部（县市农会和省农会没有）。目前，农会信用部已遍及全省各地。2013 年年底，台湾农会共有办事处 613 个，其中设信用部的办事处有 590 个，另有纯信用部分部 227 个。农会的信用部的主要功能是有效利用会员储蓄，为会员提供贷款，并支持其他部门的发展。2013 年，台湾农会存款额约为 1 兆 5970 亿元，其中正式会员存款 6806.7 亿元。存款来自会员、赞助会员、内部存款，以及其他公共团体、机关。2013 年，贷款额约为 8609.6 亿元，贷款对象包括正式会员、赞助会员、部分非会员以及政府部门等②。按规定，信用部应将 70% 的存款用于贷款，实现"取之于农用之于农"的目标。统计显示，2013 年，台湾农会信用部门净盈余为 47 亿 4586 万元，

---

① 资料来源：台湾省农会 2014 年年报，网址：http://www.farmer.org.tw/basic_report.aspx。

② 同上。

而供销部门盈余仅为 2 亿 6866 万元。可见，信用部是台湾农会收入的主要来源。

二　东亚农业合作社信用合作模式

历经多年的调整与完善，东亚信用合作形成了独具特色的运行模式，并以此为基础建立了体量庞大、功能完善的合作金融体系。

（一）以农村社区为基础，开展综合经营

以农村社区为基础，提供综合性服务是"东亚模式"的首要特点。日本农协一直把农村社区作为它的组织基础，通过社区重构整合，实现农协业务的区域性垄断。

东亚小农特有的分散性、兼营性等特点，要求农协提供销售、供应、金融、保险、生产经营指导、仓储运输、福利文化等多项业务。例如，中国台湾农会设立了信用事业部、运销事业部、推广事业部、家畜保险事业部等机构，同时提供金融、购销、推广、保险等服务，使合作社兼具经济性、服务性、教育性、社会性等多元功能。

（二）依托三级体系，实行双层经营机制

参照行政等级，东亚合作社都采取了三级体系架构。日本信用合作体系分为基层农协信用合作部、县（都、道、府）信用农协联合会（县信联）、全国信用农协联合会中央会（农林中央金库）三个层次。在基层和中间层次，又有农业、林业、渔业三种不同行业的协同组合信用联合会。三级组织之间不存在领导与被领导关系，各个主体实行独立核算、自主经营。

东亚农业合作社还组建了双层的经营机制。其特点在于：农协中央会以商业化资本运营为主，对系统内资金进行融通、调剂、清算，也可以对外放贷，具有较强的盈利能力；基层农协以信用合作为目的，主要服务于社员，基本上是保本微利经营。

（三）引入双重监管，构建多层次风险防范制度

东亚合作社都加大了信用合作的监管力度，构建了有效的风险防范制度。日本坚持内外监管相结合的原则，一方面，政府的金融监管厅对包括农协在内的各种金融机构进行监管；另一方面，农协还建立了自我监督机制，

由农协中央会设立监察士到基层农协和地区联合会检查账目。

日本还设立了完备的风险防范制度，主要包括：政府和信用合作组织共同出资的存款保险制度、临时性资金调剂的互相援助制度、信用保证保险制度、农村信用保险制度和农业灾害补偿制度等。监管体系与风险防范制度有效防范和化解了金融风险，保证了合作业务的有序开展。

（四）区分成员资格，建立分级会员制度

伴随着城市化进程，日本、韩国及中国台湾地区农业与农村都出现不同程度的衰落。农协既要维持合作制基本原则，又不得不面对非农户利用者逐渐增多的现状。为了克服这一矛盾，日韩两国农协建立了"正社员—准社员"制度。"准社员"只有参与权，没有选举权和被选举权，并且其利用农协各种业务设施的总额原则上不得超过社员利用总额的20%。中国台湾农会亦有正式会员和赞助会员之分。赞助会员同样没有选举权和被选举权。

三　东亚信用合作面临的挑战与改革趋势

近年来，东亚农业合作社在发展过程中面临着一系列挑战。一方面，农协过于倚重经营利润大的金融事业，忽视农产品生产、购销等经济事业，招致社员的不满；另一方面，在金融多元化和自由化的压力下，信用合作面临着巨大的竞争压力，经济效益连续下滑。

为了应对挑战，东亚农业合作社纷纷通过农协信用部合并、股份改革以及业务转型等方式加大改革力度，力求突破困境。日韩两国都在极力推行基层农协合并以及取消中间层次，实行两级体系。2012 年之后，韩国农协中央会按照所有权与经营权相分离的原则，由农协中央会出资新成立农协经济股份公司和农协金融股份公司，实现了经济事业和金融事业相互独立。在业务转型方面，日本允许基层农协向农林中央金库转存后的剩余资金可以从事证券投资等业务。同时，在不损害社员利益的前提下，农协也可以向非社员贷款，但贷款数额不超过会员贷款规模的 20%。

四　东亚信用合作对中国的启示

东亚信用合作有着悠久的发展历史。无论是经验，还是问题，对于中国农民合作社开展信用合作都具有重要借鉴意义。

（一）加快立法进程，确立信用合作法律地位

立法保护是信用合作发展不可缺少的外部条件。日本出台了《农业协同组合法》和《农林中央金库法》两部法律，详细规定了合作金融机构的经营范围、监管事项和权限。针对中国合作社法律建设滞后的现状，建议立法机关在加紧修订《农民专业合作社法》的同时，加快《农村金融法》《合作金融法》等相关法律的立法进程，通过立法引导合作社信用合作规范发展。

（二）加强宏观协调，构筑农村合作金融体系

农业与农村的发展离不开金融的支持。韩国农协通过信用合作业务，不仅满足了成员的资金需求，也解决了合作社资金筹集问题。因此，应当尽快明确各类农村

合作金融组织及业务的地位，尽早出台专业合作社开展信用合作相关细则和操作办法，规范专业合作社信用合作行为，发挥合作社内置金融的支农作用，推动农村金融向更高层次发展。

（三）强化服务与监管，引导信用合作规范发展

信用合作的健康发展离不开有效的服务与监管。自1961年起，韩国就免除了农协中央会的农业税和附加金。日本多层次的风险防范制度帮助农协有效化解了金融风险。因此，应该加大资金投入和政策支持力度，引导合作社内部组建自律机制，保障信用合作的规范化开展。同时，还应尽快建立存贷款保险、灾害补偿、农业信用保险和相互援助等制度来为信用合作保驾护航。

（四）促进合作社之间的联合与合作，实现合作社与社区的良性互动

合作社之间的横向联系，是提高服务社员能力的有效途径。经验表明，合作社开展跨区与联合经营，可以优势互补，有效分担运营成本。同时，以身份承诺、社区意识和熟识关系等为基础建立起来的非正式联系，是

合作社正常运作的重要保证。因此，应当强化合作社之间的联合与合作，探索合作社与社区之间协同发展、良性互动的发展道路。

参考文献

［1］陈家涛：《日本农村合作金融组织模式的分析与借鉴》，《中州学刊》2011 年第 6 期。

［2］刘洁、张洁：《日本农村合作金融体系的构建及其对我国的启示》，《现代日本经济》2013 年第 3 期。

［3］杨团、孙炳耀：《公法社团：中国三农改革的"顶层设计"路径——基于韩国农协的考察》，《探索与争鸣》2012 年第 9 期。

［4］孔祥智等：《国外农业合作社研究：产生条件、运行规则及经验借鉴》，中国农业出版社 2012 年版。

［5］耿大立：《日本、韩国农民协会发展经验浅探》，《世界农业》2013 年第 7 期。

［6］李富有、冯平涛：《发达国家农村合作金融发展的外生性特征及其启示》，《经济体制改革》2005 年第 5 期。

［7］申龙均：《浅谈韩国新〈农业协同组合法〉》，《中国农民合作社》2012 年第 6 期。

［8］郑晓燕等：《美德日农村合作金融监管体系的比较》，《江西农业大学学报》（社会科学版）2007 年第 4 期。

江苏省农业利用 FDI 区位
变迁影响因素分析*

刘爱军　金婉怡　张　望**

外商直接投资（Foreign Direct Investment，简称 FDI）通过提高资本形成率和资本的生产效率，增强竞争的技术外部性，加速溢出效应等，成为推动发展中国家经济增长的加速器。改革开放以来，江苏凭借其优越的投资

* 基金项目：国家社科基金重大项目"农产品安全、气候变暖与农业生产转型研究"（13&zd160）、南京农业大学中央高校基本科研业务费人文社科基金特色智库建设项目"'一带一路'背景下江苏农业'走出去'模式研究"（SKZK2015001）和江苏"青蓝工程"（苏教师〔2014〕23 号）部分研究成果。

** 刘爱军，南京农业大学经济管理学院，副教授、硕导；金婉怡，南京农业大学经济管理学院，硕士；张望，南京农业大学经济管理学院，讲师。

环境和活跃发展的经济，吸引了大量的外国直接投资。外资的进入带动了江苏农业的发展，促进了农业科技进步，增加了农民就业机会，有助于农村人力资本形成，最终有助于提升江苏农产品在国际市场的竞争力。近十余年来，江苏农业吸收 FDI 的数量一直位居全国前列。江苏省农业 FDI 快速增长的同时，也存在空间差异，呈现出不平衡分布的特点。苏南地区一直是江苏农业实际利用外资最多的地区，但是随着江苏大力推行沿江和沿海开发战略，苏南地区农业利用 FDI 所占比重呈逐渐下降的态势，出现了一些 FDI 由苏南地区向苏中和苏北地区转移的现象。

外商来华投资的动机主要有生产投入与市场动机、生产服务动机、文化联系和感情动机、利用优惠政策与降低风险动机、竞争动机以及出口动机等（魏后凯等，2001）。已有较多学者对外商投资的区位影响因素进行了研究。Vernon（1996）、Leonard K. Cheng 和 Yum K. Kwan（2000）分别认为劳动力成本和开放程度是一个地区吸引外商直接投资的显著影响因素。郭辉鹏（2009）、涂成悦（2012）和田素华等（2012）认为中国的东部、中部和西部由于区位条件有明显的差异，所以不同区域吸引外商直接投资的区位优势不相同。汪旭辉（2006）、李欣（2012）和王永莹（2014）认为集聚效应、市场规模、基础设施和劳动力成本这几个因素是外商直接投资非常关注的因素。

目前，针对农业领域利用外商直接投资的研究中，较早时期主要关注的是农业利用外资的现状和问题的分析。华树春（2012）总结了目前中国农业利用外资存在规模小、项目范围窄、地域范围失衡等问题，提出利用外资应向规模较大的集群式发展。而后逐渐有学者开始研究外商农业直接投资的区位选择因素。臧新等（2009）认为上一年农业外国直接投资存量、农业总产值、城市在岗职工工资、城市外国直接投资总量等因素对农业外国直接投资的区位选择非常重要。王宏（2012）则着重研究了集聚效应对农业外商直接投资的区位选择的影响，认为集聚效应使得农业 FDI 地区分布的差距逐步扩大。

对农业外商直接投资区位选择影响因素的研究还比较少，本文以江苏省农业外资的区位变迁为切入点，对农业外商直接投资的区位选择的影响因素进行探究，希望对该领域的研究做进一步探索。

一　外商对江苏农业投资的区位
特征及其变迁

江苏按行政区划可划分成三大区域——苏南、苏中和苏北。苏南即江苏省南部地区的简称，属于长三角的核心区域，是以上海为龙头的长三角城市群的核心组成部分，包括江苏的南京、无锡、常州、苏州、镇江五市；苏中为江苏省中部地区的简称，包括扬州、泰州、南通3个省辖市；苏北即江苏北部地区的简称，按照现在江苏通行的行政区域划分，苏北地区包括徐州、盐城、宿迁、淮安、连云港5个省辖市。本文选取了2002年到2013年农业利用FDI在江苏省三大区域分布的数据进行分析，苏南、苏中和苏北地区实际外商直接投资数额和在全省所占比重如表1所示。

2012年江苏农业利用外资首次超过20亿美元，达到20.78亿美元，同比增长30.6%，到2013年有所下降，为19.33亿美元，然而，实际利用外资数额的增长并不能掩盖江苏FDI的结构问题，大量涌入江苏的FDI呈现出不平衡分布的特点。江苏省区域经济的发展呈现出

"南高北低"格局，农业投资环境对 FDI 的吸引力的差别与经济发展状况一样明显。从份额看，2002—2006 年，50% 以上的 FDI 聚集在苏南地区，苏中占 30% 左右，苏北仅占 20% 左右。2009 年，苏中地区农业实际使用外资额明显减少，苏北地区超过苏中地区。自江苏"十一五"规划战略实施以来，江苏省大力推行沿江和沿海开发战略，苏中的盐城、泰州等地和苏北的连云港等地获得较好的发展机会，加速了外商直接投资的进程。相对于苏中、苏北地区外资的大量增加，苏南地区农业利用外资反而从 2009 年的 42.69% 下降到 2010 年的 33.60%，到 2011 年才回升到 40.11%；而苏北地区 2010 年农业实际使用外资额首次超过苏南地区，占全省比重为 42.40%（见表1）。

2001—2013 年，江苏农业利用 FDI 分布无论是在实际金额还是在引进 FDI 的数量方面，都呈现出苏北地区迅速增长，而苏南地区明显下降的趋势。从增长速度来看，苏北地区实际使用 FDI 增长速度相当快，并出现苏南减速发展、苏中稳定和苏北快速发展的态势。为了进一步定量测度江苏省三大区域农业实际利用外资总体差异水平的变化，笔者用变异系数表示区域之间的相对差

表1　　　　　　　　　江苏省三大区域农业实际利用 FDI 数额及其分布

单位：亿美元、%

年份	苏南地区		苏中地区		苏北地区		变异系数
	金额	比重	金额	比重	金额	比重	
2002	4.23	77.44	0.48	8.70	0.76	13.86	1.15
2003	5.81	77.14	0.80	10.65	0.92	12.22	1.14
2004	5.80	56.04	2.29	22.13	2.26	21.84	0.59
2005	4.15	50.12	2.07	25.00	2.06	24.88	0.44
2006	5.36	50.76	3.32	31.44	1.88	17.80	0.50
2007	6.28	47.90	3.85	29.37	2.98	22.73	0.39
2008	5.70	42.79	4.16	31.23	3.46	25.98	0.26
2009	5.84	42.69	3.16	23.10	4.68	34.21	0.29
2010	5.71	33.60	4.08	24.00	7.20	42.40	0.28
2011	6.38	40.11	3.24	20.71	6.23	39.19	0.34
2012	6.91	33.24	5.67	27.27	8.21	39.49	0.18
2013	6.25	32.32	4.61	23.86	8.47	43.82	0.30
合计	68.42	44.07	37.73	24.30	49.11	31.63	

资料来源：江苏省农业委员会统计资料。

异，数值越大表示差异越大。近十年来，江苏省三大区域利用外资额的相对差异总体上呈明显的下降趋势，2003—2004 年是农业利用外资相对差异下降幅度最大的阶段。2005—2013 年，相对差异值最大为 0.5%，最小为 0.18%，各年份波动幅度都比较小。可以推测，随着近几年各地投资环境的改善，外商农业直接投资在苏南、苏中和苏北分布不平衡的状态有所改善。

二　外商对江苏农业投资区位变迁
影响因素分析

（一）变量选择和数据来源

1. 变量选择

根据上述分析和相关文献的梳理得出，影响外商直接投资农业的区位因素主要有成本因素、市场因素、制度因素以及聚集因素，结合江苏省实际和数据的可获得性，本文选取以下指标综合考察江苏省外商直接投资农业区位分布的影响因素。

表2　　　　　　　　影响外商投资农业区位选择的因素

解释变量	指标	指标含义
经济发展水平	GDP	地区国民生产总值
农业发展水平	PIO	第一产业产值，表示农业发展水平
劳动力成本	WAGE	职工工资平均水平
基础设施	ROAD	等级公路里程，反映交通便利情况
经济开放程度	OPEN	地区进出口总额与地区生产总值之比
聚集因素	FDIT	t－1年度实际利用FDI存量占t－1年度GDP的比重

国民生产总值（GDP）反映的是一个地区经济发展

水平和市场规模，通常一个地区的 GDP 越高，表明这个地区经济发展水平较高，有更大的市场规模，比较容易吸引更多的外商直接投资农业。

第一产业产值（PIO）是反映一个地区农业发展水平的变量。通常农业产值越高表明这一地区越注重农业的发展，农业资源等发展农业的必要条件也较好，有利于吸引外商的直接投资。

平均工资水平（WAGE）是反映劳动力成本的变量。较低的工资水平更有利于吸引外商直接投资农业。

等级公路里程（ROAD）是衡量地区基础设施完善程度的变量。一个地区的基础设施条件直接影响企业运作、信息获取、原材料和成品运输的各个方面。良好的基础设施可以降低商业交易成本，可以提高吸引农业外资的水平。

经济开放程度（OPEN）是反映地区的对外开放水平的变量。通常，外商更倾向于投资地区开放度比较成熟的地区以减少市场风险。

集聚因素（FDIT）通过上一年外商实际农业投资额和上一年 GDP 的比值来衡量。由于前期的资本存量通过"示范效应"和"推动效应"引起外商在该地区投资的增加，而且投资也会引起上下游行业和相关企业的再投资，从而也会带来投资的增加。

2. 数据来源

关于江苏省农业利用外资的相关数据由江苏省农业委员会统计提供，其余数据来源于历年《江苏省统计年鉴》。

（二）模型设计

由于面板数据含有横截面、时期和变量三维信息，能够有效地减少解释变量出现多重共线性对时间序列分析的干扰，提供更详细的信息，面板数据通常包含很多的数据点，有较大的自由度，从而使得参数估计结果更为可信，故本文选择利用面板数据模型。同时，对数形式的模型可以将可能的非线性关系转化成线性关系，减少变量的极端值、非正态分布以及残值异方差性，因此，为了消除解释变量单位不同造成的影响，同时使待估计的变量具有实际的经济意义，本文将基本模型扩展为对数线性模型：

$$\ln(FDI) = b_0 + b_1\ln(GDP) + b_3\ln(NUM) - b_4\ln(WAGE) + b_5\ln(ROAD) + b_6\ln(OPEN) + b_7\ln$$

（FDIT）　+ u

在本式中，ln 表示对数函数，b_i 是回归系数，u 是随机误差项。

根据上述模型对江苏省总体，还有分别对苏南、苏中、苏北三个地区进行分析，模型会从这 6 个变量中找出具有决定性影响的变量，从而找出主要的影响因素。本文采用 Stata 19.0 软件进行数据分析。

（三）数据实证分析

首先对随机效应模型进行霍斯曼检验得到表 3，统计量为 26.1309，在 1% 显著水平上显著，因此拒绝原假设，采用地区固定效应模型进行分析。假定所有的变量同时对 FDI 起作用，首先对江苏省的外商直接投资区位选择影响因素进行回归分析，回归结果如表 4 所示。

表3　　　　　　　　　　　Hausman 检验结果

Test Summary	Chi – Sq. Statistic	Prob.
Cross – section random	26.1309	0.0004

表4　　　　　　　　外商直接投资江苏农业区位选择影响

因素回归分析结果

解释变量	Coef.	Std. Err.	t	P > | t |
GDP	0.7951	0.4337	1.8333	0.104
PIO	0.6803	0.2019	3.3695	0.015
WAGE	− 0.7238	0.4831	− 1.4982	0.258
ROAD	0.1582	0.4037	0.3919	0.653
OPEN	0.4753	0.5541	0.8578	0.458
FDIT	0.6714	0.1947	3.4484	0.022
常数项	− 8.7656	2.6228	− 3.3421	0.028
R – squared = 0.762；Adjusted R – squared = 0.727；F = 11.18；P = 0.000				

从回归结果可以看出，模型的可决系数 $R^2 = 0.762$，模型中所涵盖的影响因素解释了外商直接投资农业区位变化的76.2%，模型也通过了 F 检验和 T 检验，说明所建立的模型效果较好。在模型中只有 PIO 和 FDIT 两个变量通过了检验，说明地区第一产业产值和集聚因素对外商直接投资江苏省农业的影响比较显著。集聚效应对 FDI 区位选择的影响最为显著，行业规模经济效益对外商投资农业区位选择的影响很大；地区第一产业产值的回归系数为正数，表明地区第一产业产值越高吸引农业外资的水平越高，相对较高的农业发展水平也是江苏省吸引外商投资农业的重要因素之一。

根据上述分析结果，利用所收集的江苏省各区面板数据，建立 2002—2012 年苏南、苏中和苏北的回归模型，进行固定效应的回归分析，回归结果如表 5 所示。

表 5 各地区面板数据模型回归结果

	苏南		苏中		苏北	
	Coef.	P > | t |	Coef.	P > | t |	Coef.	P > | t |
GDP	1.2203	0.074	5.6183	0.407	5.6728	0.364
PIO	0.5602	0.511	1.1583	0.167	0.8766	0.014
WAGE	−5.027	0.165	−0.7752	0.066	−2.3541	0.061
ROAD	0.9215	0.024	0.6522	0.040	−0.5381	0.580
OPEN	0.0871	0.676	0.2149	0.448	1.3572	0.002
FDIT	0.1925	0.540	0.1744	0.181	0.9124	0.000
R − squared	0.7271		0.8658		0.8937	
Adjusted R − squared	0.4816		0.6012		0.8097	

所有回归方程的 F 检验值都通过 10% 的显著性检验。影响苏南地区的外商直接投资农业的显著变量是 GDP 和 ROAD。可以看出苏南地区吸引外资的主要是较高的经济发展水平和完善的基础设施，经济发展水平对苏南地区吸引农业外资的贡献度相比基础设施要高，一个地区的经济发展水平越高，市场就更加活跃，有利于吸引农业外资。目前来说，开展农业生产更需要的是土地、劳动

力等资源，而苏南地区人口密度大，土地资源紧张，劳动力成本也较高，这都是吸引外资的不利因素，目前江苏省农业 FDI 已经出现从苏南向苏中和苏北转移的趋势。

对于苏中地区，劳动力成本和基础设施是显著变量。苏中地区的劳动力成本相比苏南地区要低，地理位置又临近苏南地区，可以很好地享受苏南地区的辐射作用，吸引更多的农业 FDI。当然基础设施对吸引农业外资的作用也不能忽视，该地区的通信、运输等基础设施的完善可以降低通信成本和产品的运输成本，基础设施是外商投资农业要考虑的重要因素。

苏北地区最显著的变量是集聚因素，苏北地区劳动力成本更低、土地资源丰富等明显的农业优势吸引了较多外商投资农业，渐渐地形成了集聚效应。苏北较高的农业产值表明了苏北地区农业基础雄厚，比较有利于发展农业，所以第一产业产值也是影响外商对苏北进行农业直接投资的重要因素。同时，江苏大力推行沿江和沿海开发战略，使得苏北地区的对外开放进程加快，也成为该区域农业引资的显著变量。

三　加快外商直接投资发展江苏农业的政策建议

第一，通过制定不同的产业政策，引导农业 FDI 的空间布局逐渐合理化。南京、苏州等苏南地区农业利用外资已有一定基础，今后应依托外向型经济先发优势以及资本、人力、技术上的优势，引导外资流向休闲旅游观光农业、生物技术开发与应用等方面，重点引进国外农业高新技术，发展高科技含量、高附加值的高效农业，形成具有国际竞争力的新产业体系。而苏中、苏北地区应充分利用当地的农业资源优势，扩大在林业种植与加工、水产养殖与加工、畜禽养殖与加工、食品加工等方面的 FDI。

第二，加强软环境建设，为农业引资提供全面服务。在重视基础设施建设的同时，江苏政府应为苏北地区农业利用外资提供良好的软环境，加大对教育、文化、卫生等社会服务和相关生活服务的资金投入；加大生态环境保护力度，将环境保护法律法规列入外商投资内容中；积极发展中介机构，为企业提供信息传递、技术咨询等服务；促成各种商会组织的筹建。为扩大农业利用外资提供良好的服务条件，推动外企与本地企业之间的交流合作。

第三，改善社会发展环境，推动苏北发展。尽管苏北地区劳动力资源众多、成本低廉，但同时苏北地区劳动力素质相对低下，不能满足外资企业对具有较高技术素质的熟练劳动力的需求。因此要重视人力资源开发，制定引进人才政策，提高人力资本存量。通过大力发展职业技术教育和专业化教育，为当地经济发展培育大批技术型人才，提高苏北地区的劳动力素质，也推动苏北地区教育产业的发展，用教育大发展改善苏北投资环境。

参考文献

［1］魏后凯、贺灿飞、王新：《外商在华直接投资动机与区位因素分析——对秦皇岛市外商直接投资的实证研究》，《经济研究》2001年第2期。

［2］郭鹏辉、吴琳、钱争鸣：《我国FDI区位分布影响因素的动态面板数据模型分析》，《商业经济与管理》2009年第4期。

［3］涂成悦、滕玉华：《我国中、东部地区农业利用FDI的地区差异与影响因素——基于2003—2009年省际数据的相关分析》，《新疆农垦经济》

2012 年第 2 期。

［4］田素华、杨烨超：《FDI 进入中国区位变动的决定因素：基于 D –
G 模型的经验研究》，《世界经济》2012 年第 11 期。

［5］汪旭晖：《外商对华直接投资的区位变迁及影响因素分析——兼论
我国引资政策的调整》，《国际贸易问题》2006 年第 4 期。

［6］李欣、何艳芬、马超群、赵鹏飞、孟欢欢、薛艳粉：《中国 FDI 时
空演变及影响因素研究》，《经济地理》2013 年第 10 期。

［7］王永莹、顾洪良：《台商对大陆农业投资区位选择的影响因素——
基于省际面板数据的实证分析》，《经营与管理》2014 年第 2 期。

［8］华树春：《中国农业利用外资的现状、趋势与对策研究》，《世界
农业》2012 年第 4 期。

［9］臧新、李菡：《农业外资区位分布影响因素的实证研究——以江苏
省为例》，《国际贸易问题》2009 年第 10 期。

［10］王宏：《集聚效应与农业外商直接投资的区位选择——基于
1999—2009 年中国省际面板数据分析》，《国际贸易问题》2012 年第 3 期。

［11］Leonard K. Cheng & Yum K. Kwan "What are the Determinants of the
Location of Foreign Direct investment? The Chinese Experience", *Journal of International Economics*, Vol. 51, 2000, pp. 379 – 400.

［12］Vernon R., "International Investment and International Trade in the
Product Cycle", *Quarterly Journal of Economics*, Vol. 80, No. 2, 1966,
pp. 190 – 207.

金砖国家建立 FTA 对五国农业的
影响与中国对策[*]

刘合光　王静怡　陈珏颖[**]

金砖国家是目前世界上极具发展潜力的经济体，有力地推动着世界经济增长。金砖国家间建立 FTA 将对自身和其他经济体产生一定影响。其他金砖国家是中国农产品贸易进口的主要来源之一。在金砖五国之间农产品贸易规模不断扩大的背景下，探索金砖国家 FTA 对五国农业的影响，具有前瞻性意义。课题组 GTAP 模拟结果

＊ 基金项目：中国农业科学院科技创新工程（ASTIP – IAED – 2015 – 06）项目成果。

＊＊ 刘合光，中国农业科学院农业经济与发展研究所，副主任、研究员；王静怡，中国农业科学院农业经济与发展研究所，研究助理；陈珏颖，中国农业科学院农业经济与发展研究所，助理研究员。

显示，中国多数农产品品种产出将下降，而且表现为贸易逆差扩大，但是中国总福利提高，经济进一步增长；巴西将是农业受益最大的国家，俄罗斯、印度和南非具有比较优势的农产品将获得积极影响。

一　金砖国家建立 FTA 具有重要意义

金砖国家作为现今全球最有影响力的新兴经济体，是世界经济增长的有力助推器。根据世界银行的估计，2013 年全球 GDP 增长率为 2.4%，而中国和印度 GDP 增长分别为 7.7% 和 3.9%，均超过世界水平，成为防止世界经济增速进一步下降的中流砥柱。金砖国家 GDP 总量占世界比例为 21.53%，金砖国家经济的好转将对世界经济加速发展起到重要推动作用。金砖国家 2013 年贸易总额为 1.04 万亿美元，占世界贸易总量的 27.72%，是世界贸易舞台上的重要角色。

金砖国家重视彼此之间的合作，2009—2015 年共举行了 7 次会晤，合作领域囊括气候、农业、金融、能源、经贸和基础设施建设等，合作紧密程度日益提高。2014 年金砖国家新开发银行成立，有利于金砖国家减少对美元和欧元的依赖，壮大金砖国家的国际影响力。目前金砖国家学者已经提出建立金砖国家间自贸区的畅想和建议。此外，在各国的民商界已经响起了建立金砖国家自由贸易区的共同呼声，在2012年的智库论坛上各国学者和专家对建立金砖国家自由贸易区的构想都表示了普遍的赞同，认为自由贸易区的建立将会实现金砖国家的深度合作。印度学者分析了金砖国家建立自贸区对印度经济的影响。可以认为，金砖国家在世界经济和贸易中占有重要的地位，探索金砖国家建立自贸区的前景及其影响具有现实价值和前瞻性远景意义。

二　金砖国家之间农产品贸易互补性明显

金砖国家是世界重要的几个农业生产大国。中国农产品供需矛盾突出，贸易成为统筹国际国内农业资源、满足国内农产品需求的一个重要途径。其他金砖国家（除南非外）领土面积较大，这为农业生产提供了重要的先天条件——农业土地资源丰富，近年来，它们与中国的农产品贸易往来发展迅速，已成为中国重要的农产品贸易伙伴。

2013 年五国之间的贸易额达到 2820 亿美元，约占世界的 15%。近年来中国与其他金砖国家农产品贸易额增长迅速，2013 年达到 346.15 亿美元，占中国农产品总贸易额的 17.81%。同时，中国与其他金砖国家的农产品贸易多年来以逆差为主，2013 年中国的农产品贸易总逆差为 338.70 亿美元，而中国与其他金砖国家的农产品贸易逆差就高达 249.85 亿美元，占比为 73.77%，显然，中国与其他金砖国家的农产品贸易逆差是中国农产品对外贸易逆差的重要组成部分，金砖国家是中国农产品贸易进口的主要来源，具有重要地位。

金砖国家与中国的农产品贸易，在主要农产品贸易品种上，各有特色，反映了各自的农产品比较优势和资源禀赋差异。巴西出口到中国的农产品主要有油菜籽、糖及含糖食品、动物油脂、烟草、肉类、棉花、蔬菜和水果制品，多为土地资源密集型产品；巴西主要从中国进口食用蔬菜、鱼类、棉花和食品工业残渣及废料，多为劳动力资源密集型产品。中国和俄罗斯的贸易中，食用水果和坚果、鱼等水生动物、棉花和油菜籽为重要的双边贸易产品，此外，中国对俄罗斯出口的农产品中，位居前几位的是蔬菜水果制品、肉制品、水果、糖类，而活动物、动物制品是中国从俄罗斯进口的主要产品；可见中国对俄出口的多为劳动力密集型农产品和农产品加工品，俄罗斯对中出口的多为畜产品；当前俄罗斯为应对欧盟对其的制裁，宣布停止从欧盟进口肉类副产品、水果及奶酪等产品，并正式允许从中国进口猪肉，且考虑长期进口，因此未来中俄肉类贸易将会增加，贸易关系将日益密切。中国出口到印度的农产品主要有丝绸、棉花、水果和蔬菜等，进口方面则主要为动物脂肪、油菜籽和可可，中印双方农产品贸易较相似，都以劳动密集型产品为主。在对南非的农产品贸易中，中国主要进口羊毛、食用水果和水产品，出口蔬菜水果制品、棉花和食用蔬菜，不过双方农产品贸易额较小。

总之，中国和其他金砖国家相比，主要是在劳动密集型农产品和加工农产品上具有一定比较优势；巴西、俄罗斯、印度则在土地密集型产品上具有一定的比较优势；总体上，中国和其他金砖国家农产品贸易具有较大的优势互补性。如果五国能够在加强彼此间贸易发展合作的基础上，进一步建立自由贸易区，有利于发挥各自农业部门的比较优势，实现贸易创造、贸易转移和规模经济效应，促进统筹利用金砖国家之间的农业资源，提高资源配置效率，增进金砖国家的福利。

三　金砖国家建立 FTA 对五国宏观经济有利

通过模拟，课题组发现：在金砖国家 2025 年完全建成自贸区的假设下，金砖国家的 GDP 都将增长（相对于基期方案），其中俄罗斯增长 0.19%，最为显著，其次是印度，增长 0.1%，显然，自贸区的建立对金砖国家的经济发展具有积极作用。社会福利方面，中国将最为受益，增长 63.25 亿美元，其次为俄罗斯和印度，而巴西和南非的社会福利则出现负效应。自贸区成立后，与基准情形相比，中国贸易顺差将增加 63.64 亿美元，而其他金砖国家中，印度和俄罗斯将由贸易顺差变为贸易逆差，贸易余额将分别减少 4.08 亿美元和 8.52 亿美元，巴西和南非的出口将增加，贸易逆差程度得到减轻。五国的进出口都将有所增加，出口方面巴西和南非增长最快，分别为 6.67% 和 6.53%，进口增长最快国家为印度和俄罗斯，增长率分别达到 6.81% 和 6.5%。

四 金砖国家建立 FTA 对中国农业有一定不利影响

(一) 中国粮食产出将有所下降

近年来，中国的大米、小麦和玉米进口额逐渐增加，中国正在成为世界最大的粮食进口国。若金砖国家建成 FTA，成员间关税等进口保护措施取消，贸易创造效应和贸易转移效应发挥作用，来自其他金砖国家的粮食进口将部分取代中国国内粮食生产以及中国从非成员国的粮食进口。其中，巴西的玉米、俄罗斯的小麦具有比较优势，在国际市场上具有价格竞争力，将在 FTA 建成后成为中国粮食进口的优先来源。与基准情形相比，中国稻米、小麦和其他谷物贸易余额都将减少，贸易余额分别减少 1525 万美元、1046 万美元、854 万美元，相应地，中国稻米、小麦和其他谷物的产出将有所下降，分别下降 0.21%、0.41% 和 0.32%，但是，主粮产出的微弱下降对中国粮食安全不构成重大影响。

（二）中国蔬菜水果受益明显

蔬菜水果属于劳动力资源密集型产品，中国具有比较优势，随着金砖国家自贸区的建立，其他成员国将增加对中国蔬菜水果的需求，模拟结果表明中国蔬菜水果贸易顺差扩大，净出口额将增加 1.17 亿美元。

（三）中国棉花、糖等经济作物受到不利影响

中国是糖类生产大国，同时也是净进口国，糖业竞争力相对较弱，生产成本、价格高于巴西等产糖大国，而巴西是中国糖类的主要进口来源国，随着金砖国家自贸区的建立，中国从巴西进口的糖将大幅增加，中国糖类贸易余额将比基期减少 1.76 亿美元。中国是棉花生产大国，同时是纺织品出口大国，国内对棉花需求旺盛，近年来中国成为世界前几位的棉花进口国。中国棉花进口实行配额制度，国内棉花价格高于国际价格，建立自贸区后，将在金砖国家间取消关税和配额，将对中国棉花产业产生较大的负面冲击，使国内植物纤维（主要构成部分为棉花）产出减少 10.85%，净进口额将增加 6.12 亿美元。

（四）中国大部分畜产品受到微弱负面影响

虽然中国猪肉和鸡肉的产量和出口量位居世界第一，但是中国猪禽肉生产所需的饲料投入与同为自贸区成员的巴西相比不具有价格优势，中国的玉米、豆粕的价格均高于巴西，猪禽饲养成本高，因此在取消农产品关税后，中国的猪禽肉市场或将受到巴西产品的冲击，中国畜禽产品和肉制品净进口将扩大 1.67 亿美元。2010 年，中国成为世界第三大牛肉生产和消费大国，城镇化的发展和居民收入的提高，使得牛羊肉供需矛盾扩大，自贸区的建立将促进中国牛羊肉进口扩大。中国目前是全球最大的羊毛加工和消费国，但国内羊毛的产量无法满足急剧增长的消费需求，因此建立自贸区后，中国将从其他四国进口较多的动物纤维产品，国内产出将减少 8.74%，净进口将扩大 3.7 亿美元。

五　其他金砖国家农业受益明显

（一）俄罗斯、巴西粮食产业受益明显

俄罗斯具备地理和气候优势，是温带粮食作物的生

产大国，也是世界主要的小麦出口国之一。金砖国家自贸区的建立将进一步扩大俄罗斯小麦的出口，贸易顺差将进一步扩大，其国内小麦产出将上涨 8.08%。巴西是玉米生产大国，种植成本低，品种多样，品质好，在国际市场上占有较大份额，在 FTA 方案中，来自中国的需求将促进巴西国内玉米产量提高 0.71%。

（二）巴西食糖、油料和印度棉花产业受益显著

巴西是全球最大的蔗糖生产和出口国、第二大大豆生产和出口国，自贸区的建立将进一步促进巴西的糖类、油料作物和油脂的生产及出口，特别是糖类产出将增加 5.24%，净出口额增加 6.59 亿美元，油脂的净出口额增加 3.61 亿美元。印度种植棉花历史悠久，2014 年成为世界最大的产棉国，建立自贸区对于印度的棉花产业来说将是重大利好，不仅其国内产出增加 14.92%，而且贸易顺差进一步扩大，净出口增加 9.04 亿美元。

（三）巴西畜产品、南非羊毛产业受益显著

自贸区建立后，巴西因饲料成本上具备的本土低成本优势，畜产品将受益，如其他畜产品及肉制品产量将

增加 7.32%，净出口将增加 11.3 亿美元。印度的羊毛丝绸蚕茧部门将受到正面影响，国内产出将上涨 11.27%，贸易顺差将扩大 4.74 亿美元。南非是全球第三大羊毛出口国，而中国是南非羊毛最大的进口国，因此自贸区建立后，南非羊毛等动物纤维净出口将增加 0.54 亿美元。

六　政策建议

金砖国家建立自贸区总体有利，利于五国经济增长。虽然在一定程度上对中国农业部门带来一些不利影响，但这是中国在经济快速发展进程中可以承受的不利影响，从全局来看，建立金砖国家自贸区有利于中国经济的整体发展，符合中国农业对外开放服务经济全局的战略利益，有利于中国在可控的基础上统筹配置国际国内农业资源，促进农业和经济发展。因此，中国有必要采取有效措施推进金砖国家自贸区建设，并采取措施减缓金砖国家自贸区建设对中国农业发展可能带来的不利影响。

第一，加强金砖国家间的沟通与合作，加快金砖国家自贸区建设步伐。金砖国家的经济发展具有很大的潜力，如果五国能够加强彼此之间的贸易联系，则将对五国之间的经贸发展产生积极影响。五国应致力于加强外贸联系，加强互联互通，促进彼此间的经济贸易发展。五国应积极推动自贸区谈判，取消相互间的贸易保护主义措施，完善彼此间的贸易促进机制，积极推进自由贸易区的建立，以金砖国家间的巨大市场，吸引发达国家的资金、技术、管理等生产要素的流入，提高生产率和贸易规模。

第二，中国应设定过渡期和保护性措施，积极应对金砖 FTA 对敏感农产品的可能影响。建立自贸区后中国除蔬菜水果的产量和出口量将上升以外，大部分农产品都将会受到冲击，其中糖类、油料和棉花产品易受到一些负面冲击，中国可以将这些产品列为敏感产品，设置例外机制，在自贸区谈判时应努力达成不降或部分削减关税的协议，或者设立较长的过渡期，逐渐削减关税，并设立敏感产品的特殊保护机制，防止 FTA 贸易的过度冲击。应加快这些部门的现代化生产步伐，提高生产率和品质；同时国家要努力为农户提供政策和技术支持，保护产业安全，提高农户收入。此外，积极在金砖伙伴中实施农业"走出去"战略，实施农产品贸易和投资便利化措施，统筹配置国际国内农业资源，调控中国劣势敏感产品面对的外部冲击节奏和幅度。

第三，充分利用金砖国家在世界经济政治中处于地位上升进程中的重大机遇期，积极探索制定国际农业合作规则。虽然中国对外开放程度逐步提高，但在很多国际组织中，因为中国不是发起国，对国际规则的制定过程参与程度低，主导性影响弱。建立金砖国家FTA，为中国发起国际组织、制定国际规则，提供了新的机遇。就农业领域而言，中国可以主动担负起金砖国家农业商务联席会议发起国的职责，制定合作机制，主导规则制定，探索金砖国家之间农业合作的领域、机制、模式和发展路径，并把这种成功的国际农业合作经验推向更广阔的国际空间，让中国在新时期国际农业合作中发挥更大的领导作用，为推进世界农业发展、促进和维护中国农业利益乃至整体经济利益服务。

参考文献

[1] 林跃勤、周文：《新兴经济体蓝皮书·金砖国家发展报告（2013）：转型与崛起》，社会科学文献出版社2013年版。

[2] 罗兴武、项国鹏、谭晶荣、邓强：《贸易限制、产品种类与金砖五

国的农产品进口福利》,《农业经济问题》2015 年第 2 期。

［3］Sachin Kumar Sharma, Murali Kallummal, *A GTAP Analysis of the Proposed BRICS Free Trade Agreement*, 15th Annual Conference on Global Economic Analysis "New Challenges for Global Trade and Sustainable Development", Geneva, Switzerland, June 27 – 29, 2012.

美国农业保险补贴制度及其对中国的启示

袁祥州　程国强 [*]

农业保险不仅是风险管理工具，更是一项符合世贸组织规则的创新支农政策，在今后农业支持政策体系中扮演日益重要的角色。美国对财政补贴农业保险的探索始于 1938 年。1980 年以来，美国不断加大支持力度，逐步形成农业保险补贴的基本框架。美国《2014 年农业法案》拓展农业保险计划，使其成为农业安全网的核心（袁祥州等，2015）。历经 70 多年的改革与发展，美国基于农业保险费用构成理论，建构起科学完备的农业保险

* 袁祥州，福建农林大学经济管理学院，讲师；程国强，国务院发展研究中心国际合作局，研究员。

补贴制度，促进其农业保险走向良性循环。

中国中央政府自 2007 年起对农业保险提供财政支持，使农业保险走上快速发展的道路。农业保险保费收入以年均 28.1% 的增速从 2007 年的 51.8 亿元升至 2015 年的 374.7 亿元，其中各级政府保费补贴比例平均达 75%—80%。尽管财政支出规模和保险实践有了巨大发展，中国农业保险补贴政策仍存在补贴机理不清、补贴方式单一、补贴水平较低等问题。中国急需借鉴美国经验，以完善本国农业保险补贴制度。

一　美国补贴农业保险的机理分析

美国将农业保险的运行费用分解为三部分：一是纯保费，指保险公司用于赔付风险损失的成本，它等于对应损失分布的数学期望；二是经营费用，包括宣传展业、承保签约、查勘定损和理赔兑现等经营管理业务的必要开支；三是风险损益费，包括应对某些年份实际损失大于期望损失的成本和激励保险公司积极性的一定结余（Skees 等，1999）。

（一）政府的政策目标决定美国农业保险补贴的最优额度

农业保险的补贴额度由政府补贴农业保险的政策目标决定。1980 年以来，美国不断提高农业保险的地位，以实现农业保险的普遍可得性、农民可支付和保险公司的经济可持续。农业保险从最初取代农业灾害援助，到《2014 年农业法案》中取代传统农业补贴计划，成为农业安全网的最大组成部分。

用参保面积来量化反映政策目标。在财政补贴缺失的情形下，农民对农业保险的需求曲线为 D_0，保险公司的供给曲线为 S_0，此时供需曲线不相交，参保面积为零。为实现参保面积 Q_1 的政策目标，政府的补贴额要达到或超过农民愿意支付的最高保费（P_0）与保险公司愿意接受的最低保费（P_2）之间的差额。如果政府的补贴额过大，保险公司将获得超额利润，扭曲资源配置。因此，理论上的最优补贴额度应是保险公司愿意接受的最低保费与农民愿意支付的最高保费之差（见图 1）。

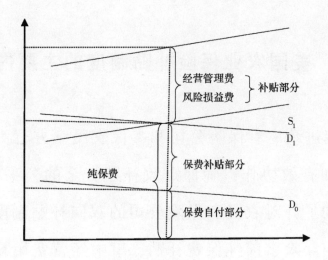

图1　美国农业保险财政补贴机理

（二）农业保险的发展模式影响美国农险补贴的方式选择

1938年以来，美国农业保险的发展模式经历从政府成立机构直接经营农险，到引入保险公司共同经营，再到政府主导下保险公司承保农险的转变。政府在农险发展模式演进中始终扮演重要角色，是一种强制性制度变迁（庹国柱，2002）。在政府直接经营农险阶段，农业保险的补贴方式单一，政府只承担有限的经营费用和风险损益费。到了共同经营农险阶段，保险公司或扮演代理商的角色，仅从政府那获得经营费用补贴，或直接承保农业保险的损益风险，逐步形成完善的财政补贴制度。

二   美国农业保险补贴制度的主要内容

为促进政府、保险公司和参保农民三方行为主体积极参与和有效协作，确保财政补贴资金的公平与效率，美国建构了针对农民和保险公司的双向补贴制度，以实现对农业保险事前纯保费补贴、事中经营费用补贴与事后再保险支持的全过程保障（见图2）。

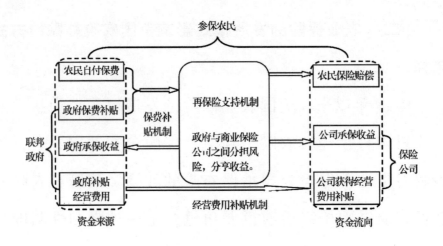

图2   美国农业保险补贴制度

（一）纯保费补贴制度

联邦政府以县为风险单位实施精算充足费率。为鼓励农民参保，政府实施差异化保费补贴制度：一是保险险种的差异化补贴，即产量保险产品的保费补贴水平高于收入保险产品，团体保险产品的保费补贴水平高于个体保险产品。二是保障水平的差异化补贴。美国农业保险产品的风险保障水平为50%—90%，随着保障水平的升高，保费补贴的比例在下降。对于最低保障水平的巨灾保险（CAT）而言，政府补贴纯保费的全部。对扩大保障保险而言，政府的保费补贴比例为38%—67%。三是保险单位的差异化补贴。保险单位的规模越大，地理位置越分散，作物品种越多，它将获得越高的保费补贴比例。

（二）经营费用补贴制度

为降低农民参保门槛和调动保险公司的积极性，政府对保险公司的经营费用提供补贴。政府按照保费的一定比例计算经营费用补贴额，具体比例由政府与保险公司协商决定，并因保险险种的不同而不同。依据2010年《标准再保险协议》，政府对保险公司团体保险产品的经营费用补贴为12%，对其他保险产品的经营费用补贴为18.5%。此外，政府还设定经营费用补贴的区间范围，为 11 亿—13 亿美元（依通货膨胀率调整）。补贴区间的确定，有利于在农产品价格快速上涨时控制政府补贴规模，也有利于在价格大跌时稳定保险公司的补贴收入。

（三）再保险支持制度

再保险支持制度是美国农业保险补贴制度的核心。再保险支持制度指政府在一定约束下对保险公司经营的农业保险提供成本相对低廉的多个再保险支持选项，在政府与保险公司之间建立"分担损失、共享收益"的风险共担制度。再保险支持制度通过共享收益激励保险公司积极经营农业保险，要求分担损失促使保险公司在承保和理赔时更加谨慎（Bohn 等，1999；袁祥州等，2015）。保险公司需满足的约束条件包括：接受政府厘定农险保费，不得进行价格竞争；遵循政府制定的承保规则和核损理赔标准；向其承保区域的所有合格生产者提供标准保险产品，不论其风险大小；按照政府制定的核损理赔标准进行赔偿，防止出现欺诈、浪费和滥用现象。

保险公司获得的再保险支持（见图 3）分两个层面：一是州级层面的再保险支持。各保险公司以州为单位，将承保业务分保到政府在各州组建的风险基金。风险转移基金用于管理高风险保单，享受较高的成数分保，而较低风险的保单被分配到自由保障基金，面临较大的风险损益。《标准再保险协议》会限制分保到各个基金的保费数额和自留份额。在简单成数分保的基础上，对于自留保费责任，保险公司与政府按照分层赔付率进行不同比例的收益共享及损失共担。二是全国层面的再保险支持。在州级层面再保险支持的基础上，政府通过一揽子成数分保合约对保险公司自留保费责任进行分保。由于风险和损益已经过州级层面的再保险支持实现风险中和，一揽子成数分保合约的平衡性更强。

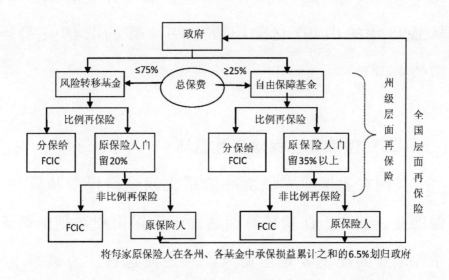

图3 美国农业再保险支持制度

三　美国补贴农业保险的影响评估

（一）提高参保率

政府的财政支持显著提高了农业保险的参保率。参保率可用多个指标（参保面积、参保面积占可保面积的比重、保险金额以及保费等）表示，均显示参保率与保险补贴变动趋势一致，可见财政支持对于提高参保率非常重要。以参保面积为例，1995 年以前，美国农业保险的参保面积增长缓慢。为提高参保面积，政府在 1994 年和 2000 年两度加大保险补贴力度。农业保险的参保面积从 1995 年的 0.797 亿公顷增至 2014 年的 1.19 亿公顷，增长 48.8%。

（二）保障农业保险良性循环

美国农业保险发展面临的最大问题是保费精算和承保展业。其中，保费精算问题源于承保历史数据的缺乏，承保展业问题主要是道德风险和逆向选择。为破解上述困境，政府一方面基于委托—代理理论，不断完善现有规章制度，促进三方行为主体有效协作，以实现激励相容；另一方面，加大财政支持力度，较快提高参保率，实现花钱"购买"精算经验和承保数据。农业保险数据库的建设，有助于科学评估农业风险和公平厘定保险费率，制定合理的保险补贴比例和再保险安排。总之，通过解决上述两大难题，提高了财政资金的总体效能，促进了美国农业保险良性循环。

（三）财政支出压力变大

1980 年以来，美国农业保险的补贴规模在不断扩大。1981—1994 年，政府支持农业保险计划的年均支出规模为 6.1 亿美元，而这一指标在 1995—2000 年以及 2001—2014 年分别升至 15.8 亿美元和 57.0 亿美元。因为农民对农业保险的需求弹性很小，这意味着新增参保面积的边际成本较高（Knight 等，1997）。随着参保率的提高，财政支出负担将不断增加。Glauber（2004）对此进行了测算。1981—1994 年，每增加一英亩参保面积的成本为 3.31 美元，期间平均补贴成本为 2.73 美元/英亩；1995—1998 年，每增加一英亩参保面积的成本为 10.51 美元，对应的平均补贴成本为 4.99 美元/英亩；1999—2005 年，每增加一英亩参保面积的成本为 25.99

美元，对应的平均补贴成本为 7.76 美元/英亩。上述新增成本仅包含保费补贴成本，若考虑保险公司的经营费用，新增一英亩参保面积的成本将超过 30 美元，这相当于每英亩平均保费的两倍。

（四）转移效率偏低

农业保险补贴资金的转移效率受赔付率影响。在赔付率较高年份（1993 年、2011 年和 2002 年），转移效率超过 80%；在赔付率较低的年份（1994 年、1997 年、2007 年、2010 年和 2013 年），转移效率低于 30%。可见，转移效率与赔付率正相关。由于每年损失变异较大，转移效率变动很大。总体而言，美国农险补贴资金的转移效率偏低。1990—2014 年，政府每支出 1 美元，农民仅获得 0.61 美元的好处，剩余资金流向了商业保险公司而不是用于降低农民风险损失。偏低的转移效率成为制约美国农业保险发展的重要因素，也引起政界和学界的批评与质疑（Glauber 等，2011）。Babcock 等（2006）认为相对于其他价格和收入支持计划，农业保险计划非常昂贵和低效。

四 对中国的启示

美国在"私营＋政府扶持"农业保险制度的基础上构建的农业保险补贴制度，不仅是对农业保险的一种扶持，而且促进农业保险走向良性循环。美国建构农业保险补贴制度的理论与实践，对中国有如下启示。

（一）明确农业保险的政策目标

农业保险的政策目标决定政府财政支出的最优额度。为确定政府责任特别是财政负担，应明晰中国发展农业保险的政策目标。农业保险利用了市场制度，更公平、透明和高效，同时可以事先多渠道筹集资金，提高风险管理的效能，是保障粮食安全、稳定农业生产和增加农民收入的创新支农手段，也是缓解农村贷款难、繁荣农村经济和强化社会保障的重要金融工具。当前，农业保险已成为中国强农惠农富农政策的重要组成部分（尹成杰，2015）。但对于农业保险的具体政策目标，各方尚未达成一致。农业保险是中国灾害援助的有益补充，是最主要的风险管理工具，也是政府支持农业发展的主要政策措施，亟待明确。

（二）构建系统高效的农业保险补贴制度

美国农业保险的财政补贴破解了三大难题：第一，通过保费补贴，解决农民买不起保险的问题；第二，通过经营费用补贴，解决农业保险经营成本过高的问题；第三，通过再保险支持，解决农业保险中巨灾风险难以分散的问题。为此，中国应从农业保险的费用构成出发，逐步构建以针对农民的保费补贴和针对保险公司的经营费用补贴为主体，以再保险支持为核心的双向补贴制度，实现对农业保险的全过程保障。

为提高农业保险补贴的效率，政府要采取多种措施：第一，保险险种的差异化补贴。开发满足新型农业经营主体的保险产品，并基于不同保险产品的风险损益，实行产品差异化补贴。第二，保障水平的差异化补贴。农业保险应包含多种保障水平选项，以满足多层级的保险需求，规避现行成本保障保险无法调动农民参保积极性的缺陷。从精算公平的角度看，高保障水平的保险赔偿概率大、金额多，农民理应自担更多的费用。对粮食大县水稻、小麦、玉米和生猪基本保障（直接物化成本）

保险，实施普惠制补贴，由政府承担全部费用。随着保障水平的升高，保费补贴比例下降。第三，保险单位的差异化补贴。保险单位的规模越大、地理区间越分散、作物品种越多，将会享受越高比例的保费补贴。

（三）构建多层次的大灾风险分散制度

按照赔付率的大小，构建由政府与市场共同参与，保险公司自担、再保险支持和巨灾风险政府支持的三级农业保险大灾风险分散制度。保险公司要自担部分大灾风险（如赔付率低于150%的超赔风险），超出保险公司承受能力的中等程度大灾风险（如赔付率为150%—300%）由中国农业保险再保险共同体和商业再保险共同承担，特大风险（赔付率超过300%）由中央和省级政府通过巨灾基金、发行巨灾债券等方式承担。要根据风险评估情况和所处区域，合理划分各层级的风险赔付责任，科学制定资金筹集方案。

参考文献

[1] 庹国柱、李军：《农业保险》，中国人民大学出版社2005年版。

［2］袁祥州等：《美国新农场安全网的主要内容和影响分析》，《农业现代化研究》2015 年第 2 期。

［3］施红：《美国农业保险补贴制度研究回顾——兼对中国政策性农业保险补贴的评析》，《保险研究》2008 年第 4 期。

［4］冯文丽等：《农业保险补贴制度供给研究》，中国社会科学出版社 2012 年版。

［5］田辉：《当前中美农业保险补贴政策的特征比较》，《中国经济时报》2012 年 11 月 2 日。

［6］庹国柱：《美国农业保险的变迁与创新》，《金融信息参考》2002 年第 9 期。

［7］袁祥州、朱满德：《美国联邦农业再保险体系的经验及对我国的借鉴》，《农村经济》2014 年第 2 期。

［8］尹成杰：《关于推进农业保险创新发展的理性思考》，《农业经济问题》2015 年第 6 期。

［9］余洋：《基于保障水平的农业保险保费补贴差异化政策研究——美国的经验与中国的选择》，《农业经济问题》2013 年第 10 期。

［10］Skees J. R. , Barnett B. J. , "Conceptual and Practical Considerations for Sharing Catastrophic/Systemic Risks", *Review of Agricultural Economics* , Vol. 21, No. 2：1999, pp. 424 – 441.

［11］Wang H. H. , Hanson S. D. , Black J. R. , "Efficiency Costs of Subsidy Rules for Crop Insurance", *Journal of Agricultural and Resource Economics* , 2003：116 – 137.

［12］Bohn J. G. , Hall B. , *The Financing of Catastrophe Risk* , Chicago：

University of Chicago Press, 1999.

[13] Knight T. O. , Coble K. H. , "Survey of US Multiple Peril Crop Insurance Literature Since 1980", *Review of Agricultural Economics*, Vol. 19, No. 1, 1997, pp. 128 – 156.

[14] Glauber, J. W. , "Crop Insurance Reconsidered", *American Journal of Agricultural Economics*, Vol. 86, No. 5, 2004, pp. 1179 – 1195.

[15] Glauber J. W. , "The Growth of the Federal Crop Insurance Program 1990 – 2011", *American Journal of Agricultural Economics*, Vol. 95, No. 2, 2013, pp. 482 – 488.

[16] Bruce A. Babcock, Chad E. Hart, "Crop Insurance: A Good Deal for Taxpayers?" *Iowa Ag Review*, Vol. 12, 2006, pp. 1 – 10.

美国新农民支持政策及其
对中国的启示

——基于《2014 年农业法案》视角

夏益国 黄 丽[*]

当前，随着工业化、城镇化的推进，中国农业与农村发展呈现出新趋势：一方面，工业化进程推动中国农业规模化发展，农民阶层分化，新型农业经营主体正在形成；另一方面，中国农民老龄化趋势也十分明显，已经成为中国现代农业发展的重要制约因素。如何应对农民老龄化，解决未来谁来种田问题是中国"三农"问题中一个不可回避的话题。本文通过研究美国如何支持新

* 夏益国，安徽工业大学商学院，教授；黄丽，安徽工业大学商学院，研究生。

农民以应对农民老龄化，以期为中国提供借鉴。

一　美国农民老龄化及新农民现状

（一）美国农业高度规模化，但也面临农民老龄化问题

美国农业高度规模化。2012 年，美国农场平均占地面积为 434 英亩，平均耕地面积为 244 英亩。每个农场出售的农产品价值平均为 18.7 万美元。尽管 2012 年美国农业 GDP 仅为 2062.47 亿美元，占美国 GDP 比重为 1.46%；但它创造了 1412.7 亿美元的农产品出口额和 320 万个就业机会。美国农业高度规模化使得美国农民家庭平均收入也高于全美家庭平均收入（见表 1），2012 年，美国农民家庭平均收入约为全美家庭平均收入的 1.5 倍。

但美国农民也面临老龄化问题。表 2 显示的是美国最近七次农业普查所得的美国农场主要经营者（principal operator）的平均年龄，从 1982 年平均 50.5 岁上升到 2012 年的 58.3 岁。表 3 显示近 30 年来美国农场主要经营者年龄结构的变化：1982 年，农场主要经营者中 35 岁

以下的占 15.9%，65 岁及以上的占 17.8%，到 2012 年，美国农场主要经营者中 35 岁以下仅占 5.7%，比 1982 年下降了 10 个百分点；65 岁及以上的占 33.2%，上升了约 15 个百分点。以上数据都说明，近年来美国农民老龄化趋势十分显著。

表1　　　　　　　2007—2012 年美国农户家庭平均收入

与全美家庭平均收入对比　　　　单位：美元、%

		2007	2008	2009	2010	2011	2012
家庭平均收入	农户	88796	79796	77169	84459	87278	108844
	全美	67609	68424	67976	67530	69677	71274
两比		131	117	114	125	125	152.7

资料来源：USDA，ERS，Farm Household Income and Characteristics，principal farm operator household finances。

表2　　　　　　　1982—2012 年美国农场主要经营者

(principal operator) 的平均年龄　　　　单位：岁

	1982	1987	1992	1997	2002	2007	2012
主要经营者平均年龄	50.5	52	53.3	54	55.3	57.1	58.3

资料来源：根据美国农业普查资料（www.agcensus.usda.gov/About_ the_ Census/）。

表3　　　　　1982—2012 年美国农场主要经营者的年龄结构变化　　　单位：%

	1982	1987	1992	1997	2002	2007	2012
35 岁及以下	15.90	13.30	10.70	7.80	5.80	5.40	5.70
65 岁及以上	17.80	21.40	25.0	26.0	26.20	29.70	33.20

资料来源：根据美国农业普查资料（www.agcensus.usda.gov/About_the_Census/）。

（二）美国新农民概况

应对农民老龄化，吸引相对年轻劳动者进入农业领域是主要应对之策。根据美国农业部的定义，一般把经营一家农场达十年以上的农民称为成熟农民（established farmers and ranchers），十年及以下者为新农民（beginning farmers and ranchers）；与此对应，新农民经营的农场一般称为初始农牧场（beginning farms and ranches），从业十年以上农民经营的农场一般称为成熟农牧场（established farms and ranches）。根据美国农业部农业统计服务局（National Agricultural Statistics Service，NASS）农业普查数据显示，2012 年美国初始农场数量占农场总数的比例约为22%，初始农场经营的土地面积占全部农场土地面积的11%，生产的农产品价值比例占10%。

根据美国农业部农业普查数据（见表4），近30 年来，进入农业领域的新农民呈下降之势。在 1982 年，新农民占全部农民的比例为 38%，而到 2012 年，新农民占全部农民的比例下降至 22%；2012 年新农民数量比 2007年下降 20%。在 2012 年，新农民平均年龄为 49 岁，成熟农民的平均年龄为 60 岁。尽管如此，在新农民中，35岁以下的只占 14%，近一半（49%）的新农民的年龄为35—54 岁，25% 的为 55—64 岁，12% 在 65 岁以上，新农民其实也不年轻。

表4　　　　　　　　1982—2012 年美国农场主要经营者中成熟

农民与新农民比例结构　　　　　　　单位:%

	1982	1987	1992	1997	2002	2007	2012
成熟农民	62	68	69.6	69.8	72	74	78
新农民	38	32	30	30	28	26	22

资料来源：根据美国农业普查资料（www. agcensus. usda. gov/About_ the_ Census/）。

（三）美国新农民面临的挑战

随着美国农业规模化水平提高，进入农业领域的门槛也越来越高。研究表明，新农民最大挑战来自为获取农场盈利所需最低规模的土地和资本。美国农业不动产价值长期上升使不少新农民获取土地意愿难以实现，对许多新农民而言，对土地和资本设备需求产生了难以接受的财务风险：2012 年，美国玉米带（伊利诺伊州、印地安那州，艾奥瓦州和俄亥俄州）耕地每英亩的价格约为 7000 美元，一家生产 600 英亩玉米和 500 英亩大豆的农场需要在土地、设备和设施方面投资达 800 万美元。虽然这些资本大多数可以通过租赁取得，但取得这些资产所需的资金和负债仍是巨大的。

面对新农民获取土地和资本的困境，支持新农民是农业立法考虑的目标之一，2014 年 2 月 7 日签署生效的《2014 年农业法案》（the Agricultural Act of 2014）包含了不少支持新农民的条款。下面，结合《2014 年农业法案》，介绍美国支持新农民的主要政策措施。

二　美国新农民的主要支持政策

（一）农业信贷

1972 年通过的《美国农业与农村共同发展法》（Consolidated Farm and Rural Development Act of 1972, CONACT）永久授权美国农业部农场服务局（FSA）建

立"联邦农场贷款项目",向无力从商业机构取得贷款的弱势群体[①]（under – represented groups）和新农民经营的规模较小的家庭农场发放贷款,包括直接贷款和贷款担保两部分;由于 FSA 贷款资金来自联邦政府资金,贷款期限长,利率优惠,所以被称为第一机会贷款人（lender of first opportunity）;直接贷款包括农场所有权直接贷款（direct farm ownership loans）、农场经营直接贷款（direct farm operating loans）和紧急灾害贷款（emergency disaster loans）。农场所有权直接贷款的每位借款人的限额为 30 万美元,期限最长可达 40 年,贷款利率与联邦政府资金来源成本挂钩,定期调整,利率总体较低,2014/2015 财政年度为 2.75%,贷款主要用于购买农业土地、农场基础设施建造、水土保持等项目。农场经营直接贷款限额亦为 30 万美元,期限为 1—7 年,利率低于农场所有权直接贷款,仅为 1%,主要用于购买生产资料、水土保持项目、土地整理等。紧急灾害贷款是为受灾农场提供临时性灾后恢复生产贷款。贷款担保是为农场借款人向符合条件的商业贷款人借款提供的担保,

①　按照 FSA 定义,弱势群体主要包括农场主要经营者是妇女、非裔、印第安人、阿拉斯加土著人、拉美裔、亚裔和太平洋岛民。

包括所有权贷款担保（guaranteed farm ownership loans）和经营贷款担保（guaranteed operating loan）两种，两种贷款担保的限额 2014 年均为 139.2 万美元（每年额度经过通货膨胀调整），担保费为 1.5%。所有权贷款担保期限最长为 40 年，经营贷款担保的期限为 1—7 年。

为了鼓励更多新人进入农业领域，从 1994 年开始，立法要求上述贷款中必须划出一定比例额度专门支持新职业农民，具体要求是：农场所有权直接贷款的比例为 70%；农场经营直接贷款的比例为 35%；农场所有权贷款担保的比例为 25%；经营贷款担保的比例为 40%。可以发现，FSA 的农场所有权贷款侧重于支持新农民购买土地。

《2014 年农业法案》通过放松借款农场条件使更多新职业农民获得借款资格。过去的立法适格条件是借款人的农场面积不超过该县农场面积的中位数（median acreage），新的适格条件是农场面积为全县农场面积平均数的 30% 及以下；而 2012 年全国种植业农场平均面积为 418 英亩，农场面积中位数仅为 80 英亩，这种变化将使更多新农民获得借款资格。

《2014 年农业法案》授权美国农业部农场服务署建

立永久性的小额贷款计划（microloan program），小额贷款计划的主要对象是新农民，为他们提供上限为3.5万美元的经营贷款，贷款的利率仅为1.25%，自2015年起，小额贷款将简化贷款程序，放松贷款条件，提高贷款限额至5万美元，并将贷款期限延长至7年，使更多的新农民受益。

此外，《2014年农业法案》中还包括专门支持新农民的贷款计划。如定金贷款援助计划（down payment loan assistance）可以为寻求购置不动产的新农民提供最高为30万美元的贷款。在水土保持贷款和贷款担保计划（conservation loan and loan guarantee program）中，对新农民借款担保额度由过去贷款额度的70%提高到90%。自2010—2014年以来的五年间，FSA发放的农场贷款已创新高，共向16.5万家庭农场发放贷款达230亿美元，其中半数以上的贷款流向新农民[1]。虽然FSA贷款的总量较小，目前直接贷款占农场总负债的2.5%；另外，为农场总负债的5%提供担保，但对新农民来说却是最重

---

[1]　United States Department of Agriculture News Release，Release No. 0222. 14，USDA Expands Access to Credit to Help More Beginning and Family Farmers，http：//www. usda. gov/wps/portal/usda/usdahome？ contentid.

要的长期资金来源。

另一个与联邦相关的农场贷款人是农场信贷体（Farm Credit System，FCS），属联邦特许经营、借贷人拥有，以营利为目的但专门服务于农业的金融机构，享有联邦税收豁免待遇，成立于1916年。信誉良好的农场借款人可向其申请借款，其资金主要通过在华尔街金融市场上发行债券筹集，贷款利率商业化。2010年FCS向农场发放贷款占农场信贷总量的42.8%，略低于商业银行农场贷款的比例（43.5%）。在2011年度，FCS总共向新农民发放61995笔贷款，总额达96亿美元，占FCS发放贷款余额的19%，这些借款大多经过FSA的担保。

（二）农作物保险

农业规模化也是风险规模化。农业风险，包括农业生产过程面临的各种自然灾害、病虫害以及农产品价格波动风险一直是规模化生产者的心头之患，尤其是对于新农民而言更是如此；购买农作物保险通常是美国农民进行农业风险管理的主要工具。但从历史数据看，与发展成熟的农场相比，新农民购买联邦农作物保险的比例较低；2011年，新农民经营的耕地面积占全部农场耕地面积的 11%，但购买的农作物保险只占 7%。《2014 年农业法案》对新农民参加农作物保险制定了不少优惠政策，具体包括：（1）为《联邦农作物保险法》增加了"新农民条款"，该条款把从事农牧业生产不超过 5 年的农牧场主称为新农民，反映了立法者对入行时间较短的新农民更加关注，因为他们大多数属于资源有限的农民，且处理风险的经验不足。（2）新农民购买农作物保险的保险费一律降低 10%，为此，预计未来 10 年将耗资 2.61 亿美元。（3）豁免新入行农民巨灾级保险的 300 美元的管理费用。（4）在计算实际历史产量（actual production history，APH）时，对于因灾而出现的极端产量，立法把替代实际产量的过渡产量（transition yield，T – yield）从过去的 60% 提高至 80%，这样就提高了新农民的保障水平。（5）非可保农作物灾害救助计划（uninsured crop disaster assistance program）为新农民提高了巨灾级保障水平，降低了高保障级保险费达 50%，不再收取申请费用。

（三）鼓励土地向新农民流转

美国农业土地流转主要方式是买卖和租佃制，出租的形式主要有现金地租（cash rent）和分成地租（share rent）两种，买卖或出租价格完全市场化，由市场供求决定。农用土地流转目的是加快生产要素有序流动、优化资源配置以及促进先进科技与管理知识在农业领域运用。政府通过信贷支持、政策引导、利息调节、价格补贴等经济手段以及各种优惠政策来鼓励和引导家庭农场规模适度扩大。

《2008 年农业法案》每年拨款 2500 万美元授权农业部建立"流转激励计划（transition incentive program，TIP）"，鼓励资源保护计划（conservation reserve program，CRP）参加者把合同即将到期的回耕耕地流转给新农民。参加 TIP 的 CRP 参与者须是已经退休或在 CRP 合同到期日 1 年内退休，TIP 计划将向 CRP 参与者支付两年额外租金激励他们把土地流转给新农民。美国《2014 年农业法案》保留该计划，并把资金总额从每年 2500 万美元提高到 3300 万美元。

（四）新农民发展计划和个人发展账户试验计划

针对美国农民日益老龄化，新一代农民数量不足，其从事农业所需的知识技能越来越复杂。《2008 年农业法案》提出了新农民发展计划（beginning farmer and rancher development program），该计划在 2009—2012 年耗资 7500 万美元对新农民进行教育培训、提升和技术援助。《2014 年农业法案》延续这一计划，计划在 2014—2018 年耗资 1 亿美元对新农民进行教育培训和技术援助。

新农民个人发展账户试验计划（beginning farmer and rancher individual development accounts pilot）旨在通过商业理财教育和匹配储蓄账户帮助收入拮据（limited means）的新农户，为他们从事农业的努力提供资金支持。该计划始于美国《2008 年农业法案》，由美国农业部管理，希冀通过此计划帮助他们建立一种积累资金方式以获取所需资金，达到提升新一代农民综合能力目的，最终储蓄账户资金用于购买种畜、生产设备，或用作土地定金、其他生产性资产。该计划适格的新农民收入不足所在州收入中位数的 80%，或不到联邦卫生和公共福利部最新发布的联邦贫困指导线收入的 200%。适格农民必须同意完成理财教育培训并开立一个储蓄账户，该账户由适格农民与非营利组织托管人共管，资金来源多渠道，如联邦政府、地方政府的拨款，适格农民自身的资金存入，托管人要按照适格农民的存入资金配套一定数量资金投入。

三 美国新农民支持政策对中国的启示

（一）正视中国农业现代化发展与农民老龄化的矛盾

目前中国农村人口老龄化问题比城镇更加严重，呈现明显的城乡倒置现象，造成这一现象的根本原因在于大量农村青壮年劳动力长期在城镇务工导致农村空巢化，由此导致农民老龄化。青壮年高素质农民大量转向第二、第三产业，使得留守农民整体年龄偏大，对现代科技接收能力差，市场意识薄弱，难以胜任现代农业现代化的发展。

虽然中美农民都面临老龄化问题，但影响却不一样。美国农民老龄化是在美国实现了农业现代化之后才出现的。早在20世纪40年代，美国就已经实现了农业机械化，战后农业更是向现代化、专业化和高科技化方向发展，90年代农民老龄化时，美国农业已实现精准化。美国农业现代化降低了传统农业对农民体力的要求，减缓了农民老龄化的不利影响，尽管美国各界担忧农民老龄化可能产生负面影响，但至少目前还没有对美国农业和粮食安全产生明显影响。而中国农业目前正处于从传统农业向现代农业转变的过程中，传统农业与现代农业并存，农民肩负着促进中国农业走向现代化的重任。农民老龄化可能导致中国农业现代化进程的倒退，阻碍中国农业技术进步。

（二）农民职业化从各类规模化经营主体开始

农民职业化是一个循序渐进的过程。中国目前农民数量庞大，大多数是兼业农户、小农户，有待于向第二、第三产业转移。中国农民职业化应从规模化经营主体开始，如专业大户、家庭农场、农民合作社、农业服务专业户，因为他们已经成为独立的市场主体，以农业为主要收入来源，以农业为主业。具体政策措施可从以下几方面为突破口：第一，把职业农民纳入城镇职工医疗和养老保险体系。此举目前虽有一定制度障碍但具标志性意义，意味着专业从事农业生产是社会分工体系之一，是众多职业的一种，与其他职业具有平等关系，消除长期以来对农业、农民的歧视，从根本意义上给予职业农民"国民待遇"，使农民的生存条件得到制度保障，在更高的起点下为职业农民的发展构筑平台。第二，创新土地流转。农民职业化进程受各种因素影响，其中土地是最基本、最重要的制约因素，没有稳定的土地制度，就谈不上农民职业化。建立土地使用权合理流转制度，解决了职业化农民对土地的需求。第三，加强职业培训。职业化首先要具有专业职业技能，当前中国农业规模化主体文化水平总体不高，种田主要依赖于经验，难以适应中国农业未来专业化和规模化的进一步发展。加强对规模化经营的农民培训，提供免费的科学种养等知识更新培训；建立高素质人才回流农业机制，对返乡创业从事农业经营的能人给予支持。

（三）鼓励农村高素质外出务工者回流和大中专高校毕业生下乡创业

目前中国农村规模化经营主体主要源于原农村种田能手，他们的年龄结构趋于老龄化，解决未来谁来种田问题需要及早培育新一代职业农民。首先，采取措施吸引较高素质的外出务工者回流乡村从事规模化农业经营，他们有一定的资本，有较宽阔的视野和对农业的天然情感，是未来职业新农民的理想人选。其次，中国应在总结大学生村官经验基础上进行新探索，鼓励大中专毕业生尤其是农林类大中专毕业生到农村创业，使其成为新一代职业新农民的主要来源。政府应出台具有含金量的大中专学生去农村创业的支持政策措施，为初始创业的新农民提供特别的帮助，如指定专业技术人员进行技术指导，提供低息农业贷款，提供政府特别补贴，提供优惠政策性农业保险，提供与城镇职工医疗养老保险同等待遇，等等。

参考文献

[1] 罗丹、李文明、陈洁：《种粮效益：差异化特征与政策意蕴——基于 3400 个种粮户的调查》，《管理世界》2013 年第 7 期。

[2] 朱启臻、杨汇泉：《谁在种地——对农业劳动力的调查与思考》，《中国农业大学学报》（社会科学版）2011 年第 1 期。

[3] 郭晓鸣、任永昌、廖祖君、王小燕：《农业大省农业劳动力老龄化的态势、影响及应对——基于四川省 501 个农户的调查》，《财经科学》2014 年第 4 期。

[4] 辛贤、毛学峰、罗万纯：《中国农民素质评价及区域差异》，《中国农村经济》2005 年第 9 期。

[5] 胡雪枝、钟甫宁：《农村人口老龄化对粮食生产的影响——基于农

村固定观察点数据的分析》,《中国农村经济》2012 年第 7 期。

　　[6] 郭熙保:《 "三化" 同步与家庭农场为主体的农业规模化经营》,《社会科学研究》2013 年第 3 期。

　　[7] Historical Highlights: 2012 and Earlier Census Years, www. agcensus. usda. gov/Publications/2012/.

　　[8] Beginning Farmers: Characteristics of Farmers by Years on Current Farm, www. agcensus. usda. gov/Publications/2012/Online_ Resources/Highlights/Highlights_ Beginning_ Farmers. pdf.

　　[9] James M. MacDonald, Penni Korb, and Robert A. Hoppe, *Farm Size and the Organization of U. S. Crop Farming*, United States Department of Agriculture Economic Research Service Economic Research Report Number 152 , August 2013.

　　[10] U. S. Department of Agriculture, National Agricultural Statistics Service. *Land Values* 2012 *Summary*, August 2012.

　　[11] United States Department of Agriculture Farm Service Agency, 2014 Farm Bill Fact Sheet, New Farm Bill Offers Modifications to Farm Loan Programs, March 2014, http: //www. fsa. usda. gov.

　　[12] Jim Monke, *Agricultural Credit: Institutions and Issues*, CRS Report for Congress, February 7, 2013, www. crs. gov.

　　[13] Beginning Farmers and Ranchers At A Glance, 2013 Edition, *United States Department of Agriculture Economic Research Service Economic Brief*, No. 22, January 2013.

日本农业经营主体培育的
政策调整及其启示

刘德娟[*]

一 问题的提出

农户仍然是中国农业生产的基本经营单位。但中国农业正处于大规模的非农就业、人口自然增长减缓和农业生产结构转型的三大历史性变迁的交汇之中。长期以来，农业生产效益低下，特别是种粮积极性不高，农业人口"离农脱农"现象严重。未来"谁来种地"以及"地怎么种"，日益成为我们必须面对和解决好的重大问

* 刘德娟，福建省农业科学院农业经济与科技信息研究所，助理研究员。

题。如何引导农业经营主体、推动农业的规模化经营并提高农民收入已成为未来农业政策调整的重要方向。

中国与日本同属"东亚小农模式"，都具有人多地少、土地规模零碎的特点。近年来，日本经过多次的农业政策调整，形成了法人化、村落营农以及"认定农业者"等现代农业经营主体。虽然还存在农业人口的老龄化、农业接班人不足和粮食自给率低下等问题，但与中国相比，日本的农民问题并不突出。因此，本文通过分析日本农地制度改革、农业经营主体培育和稳定农业经营的政策调整，归纳提出创新中国现代农业经营主体的相关启示。

二　农业经营主体培育的政策调整与成效

第二次世界大战以后日本农业经营主体培育可分为五个阶段的政策调整，取得良好成效。

（一）日本农业经营主体培育的政策调整

1. 严格管制农地权利，培育自耕农（1945—1960年）。第二次世界大战以后，日本为了保护自耕农，缓解就业社会问题，其农业经营主体培育的政策目标是农户。日本于 1952 年颁布实施了《农地法》，对农地取得的权利和转移利用进行严格管制，其基本理念是农地归耕作者所有，即自作农制度，规定其经营面积的上限是 3 公顷。《农地法》的诞生一方面促进了农地在农民之间的平均分配，推进了农村民主化进程，但另一方面却造成了大量零碎分散的小农户经营。

2. 放宽农地转移条件，培育自立经营、均衡城乡收入（1961—1969 年）。从 1956 年开始，日本经济步入高速发展轨道，农村劳动力开始向城市转移，农工差距逐渐拉大，在此背景下，日本的政策制定者意识到农业结构必须调整，1961 年出台了《农业基本法》，主要做法是促进农民阶层分化，鼓励小规模农户脱离农业释放土地并合理流转，促进规模化经营。为促进农地的租借和买卖，1962 年修改了《农地法》，对农地最大面积的管制有所放松，设立了农业生产法人制度和农地信托制度。由于日本农业人口很多离土不离乡，转变为兼业农户，更不愿意放弃土地。此阶段的农业结构改革目标并不顺利，没有实现农地的顺利流转，当初培育自立经营的目标也没有实现。但是受日本兼业农户非农收入的提高和农业的保护政策的影响，日本的农工收入差距不断缩小。

　　3. 推进土地经营权流转，培育高效、安定的农业经营体（1970—1993 年）。1969 年日本颁布了《农振法》，重点完善土地租用制度，修改《农地法》，由原来的自作农制度向耕作农制度转变。1975 年，基于《农振法》的农用地利用权开始设定，1980 年制定了《农促法》。在农业政策上，1980 年《80 年代农政的基本方向》中提出以有男性骨干农业劳动力的核心农户为培育目标，1992 年《新粮食、农业、农村政策的基本方向》提出以所得和劳动时间为基准，培育高效、安定的农业经营体。1993 年制定了《农业经营基础强化促进法》，促进农地规模连片，向规模化农户或经营组织集中。同年，出台"认定农业者"制度，对农业经营体所制定的农业经营改善计划进行认定。

　　另外，日本于 1970 年颁布了《农民年金制度基金法案》，1971 年开始实施了具体事业内容。其目的是通过保障农民晚年生活，培育年轻化农业经营者，实现耕地流转、进行规模化经营。其运作的效果不仅保障了老龄化农民和离农农户的生活，而且有效地促进了土地的合理化流转。

4. 放宽土地自由流转限制，培育多种形式的农业经营体（1994—2010 年）。1994 年日本将"综合设施资金"改编为 Super L 资金，通过低息等优惠举措扩大农地经营规模，并起到良好的推动作用。1998 年《农政改革大纲》提出确保农业法人化和村落营农等多种经营体的方针。同时，日本的农业预算逐渐向农业、农村基础设施建设方面倾斜，经过多年的土地改良事业，日本的农田形成了集中连片、整齐划一，并建成了比较完备的灌溉体系，提高了农业经营效率，为促进土地流转、加速农业规模化经营发挥了重要的基础作用。

1999 年出台的《食料·农业·农村基本法》明确提出将村落营农和大规模农户共同定位为日本农业经营主体。2007 年把村落营农认定为农业规模经营方式之一，可以享受政府的收入直接补贴政策。2009 年日本再次修改《农地法》，促进土地利用权自由化，农户、农业生产法人、企业都可以在全国范围内租用土地进行农业生产，租用年限由原来的 20 年延长至 50 年。2010 年 3 月《食料·农业·农村基本计划》提出培育并确保有竞争力的农业经营体，推动大规模化、效率化经营和村落营农的组织化，同时鼓励愿意从事农业的小规模、兼业、高龄农户的发展。

5. 成立土地银行、加快土地集聚，开展农地与经营者结合计划（2011—至今）。2011 年 10 月《为了日本国食品和农林渔业再生的基本方针·行动计划》提出，培育"中心经营体"，加强政策支持，集中发展以地域农业为中心的各种事业。随后，2012 年日本推出了土地集聚推进事业金 165 亿日元。2013 年，日本在都（道、府、县）设立具有政府机构性质农地中介管理机构——土地银行，向农户租赁耕地，并根据农业经营主体的需求，对租赁的耕地免费开展集中连片整理改造和基础设施建设，并把集中连片土地租赁给农业经营主体。2014 年，土地银行制度开始实施，直接和间接相关的预算达 1560 亿日元，土地银行的设立和运行使新型经营主体便捷地进入农业领域。

（二）日本培育农业经营主体政策调整的成效

日本自 1952 以来，农地制度历经从严格管制到逐渐宽松、从自耕农制度到耕作者制度、从强化公平到注重效率性的转变。事实表明，日本农地制度改革是促进土地流转和农地有效利用的基础，在推进规模化经营方面发挥了重要的作用。

日本在培育农业经营主体上进行了多次的调整，从小规模经营向规模化经营体转变。从规模化经营体的耕地面积看，由 1995 年的 86 万公顷增加到 2010 年的 226 万公顷，经营农地面积由 17.1% 增加到 49.1%，阶段性政策效果有明显提升。从农户数量上看，家庭经营户由 1970 年的 540 万户减少到 2010 年的 163 万户，而大规模农户的比重也呈现了上升的趋势。从农业法人数量和集聚耕地面积的比重看，均呈现了逐年递增的趋势，从 1990 年的 2902 个法人增加到 2013 年的 1.46 万个，耕地面积比重由 0.4% 增加到 6.7%。近年来，村落营农组织逐渐得到推广，总数维持在 1.4 万个左右。农户的平均经营规模由 1995 年的 1.5 公顷增加到 2014 年的 2.17 公顷。总体来看，日本农业经营体呈现了向大规模化发展的趋势，其经营的农地面积比重在增加，逐渐成为农业经营的中坚力量。

日本认为，影响各农业经营体成长差异的原因之一是来自经营者能力的差异。2013 年 4 月以培养农业经营者能力为目的成立了日本农业经营学校，2014 年政府在提高农业经营者能力方面的预算金额达到了 3.3 亿日元。

同时，日本在提高区域农业经营骨干和对新务农人员的能力培养上也非常重视。另外，日本政府推广村落营农组织形式，维护了兼业农户利益，保护了农户经营的经济利益，但也妨碍了规模经营的扩大，损害了大规模经营农户的利益。这也是日本农业在推进农业规模化上没有顺利前进的原因之一，并使日本农业处于被过度保护状态，与国际市场渐行渐远。因此，通过更有利的政策措施调整农户结构，减少生产成本，提高农业附加值，既是日本的政策走向，也值得中国关注和借鉴。

三　现阶段农业安定经营对策

农业不仅受自然环境的影响，而且受市场环境影响较大。为确保农业经营稳定、农民的增收以及维持农业的多功能性等，日本实施了许多农业安定经营政策措施。现阶段主要有以下几种农业安定经营对策。

（一）生产经营和低价格补贴政策

2007年12月，对有意愿有能力的农业经营体，设立了"水旱田经营安定对策"，主要针对大米、小麦、大豆等农业经营者，根据过去的生产业绩对生产者支付"生产条件不利补助金"和"销售收入减少补助金"。2007 年日本重新制定了横跨所有农产品品种的稳定经营对策，2011 年取代此政策的"户别所得补偿制度"开始正式实施。当农产品销售价格低于生产费用时，对其差额实行补贴。不同规模的水稻所得补偿金有很大的差异，基本上是规模越大补偿金越多。

（二）农产品价格稳定补助对策

如蔬菜价格稳定对策，即当蔬菜市场价格出现较大的下降时，进行供需调整，对生产者进行补助；乳制品加工的生产者补助金制度、肉牛子牛生产者补助金制度、肉牛繁殖经营支援事业、肉牛育肥稳定经营特别对策、养猪稳定经营对策和蛋鸡生产者稳定经营对策等，当批发市场的价格在一定价格以下时，对差额进行补贴，维持生产者稳定的经营；当牛肉、猪肉、鸡蛋和乳制品的批发市场价格出现较大幅度下降时，农畜产业振兴机构通过买入然后再流放到批发市场来调整批发市场的价格。对于畜产农户，当饲料价格高涨时，实施通常补贴和异常补贴。

（三）农业灾害补偿制度

当遇到不可抗拒的自然灾害时，基于日本《农业灾害补偿法》实施农业共济制度。随着经济和社会的发展，日本对农业保险法律制度进行了七次修改，该法对财政补贴标准、险种及费率、具体业务操作等都有详细的规定，具有很强的可操作性。日本对关系民生的重要农产品采取强制性投保，1949年增加了自由保险。日本政府给予农民40%—55%的保费补贴和联合会及共济组合的部分人员经费和经营管理费补贴。

四　讨论与启示

尽管中日土地制度不同，日本的规模化经营并没有顺利进行，但中国与日本的自然禀赋条件相似，日本农地改革和农业经营主体培育的理念值得我们借鉴。

第一，加快农地制度改革，完善农田基础设施建设。土地制度是所有农业制度安排的基础和核心。长期以来，中国劳动生产率十分低下，究其原因主要是因为中国人均耕地面积远远落后于发达国家。破解劳动生产率低下的难题必须走适度规模经营的道路，其前提就是促进农地流转，转移农村劳动力。适度规模经营要求土地连片、完善农田基础设施建设，同时希望流转期限较长，有利于机械化耕作和资本的投入。因此，各地根据立地条件，加快农地制度改革，创建农地流转平台，同时加强农田基础设施建设，做到土地平整、集中连片、沟渠相连，有利于机械化、规模化耕作，从而提高劳动生产率，而提高劳动生产率恰恰是破解中国农业现代化面临的一个难题。

第二，完善农民的社会保障体制，建立农地流出和流入双方的差别性财政补助和支援制度。当前，中国的农业补贴政策主要是针对土地承包农户来实施的，对土地经营者的针对性政策支持不足。一方面，规模化经营农户在支付高昂土地租金的同时拿不到补助，没有对土地规模化经营者产生激励机制，进而影响土地经营者的收入和生产积极性。另一方面，部分农户可以不务农而获得补贴，并不愿意离开土地，而部分农户则是担心土地流转出去后晚年生活保障等一系列的问题。

第三，规模化经营者（体）在农业政策倾斜支持下，逐渐成为农业经营的中坚力量。尽管传统小农在未来相当长时间内长期存在，但随着经济的发展、社会分工的细化，种养大户、家庭农场和合作社等现代农业经营主体经营农业的比例将越来越大。当前，大量农村青壮年劳动力长期在外打工，不会干农活也不愿意回乡干农活，传统农户急剧分化，农业的老龄化、兼业化、女性化趋势明显。随着土地确权制度和农民工社会保障制度的完善，在农业政策的引导下，土地流转加快将是必然趋势，种养大户、家庭农场和合作社等规模化经营主体将必然成为农业经营的中间力量。

第四，重视农业经营者能力培养，并确保农业生产者收入的稳定。农业是高风险的产业，目前制约中国农户发展的主要因素是自然灾害和市场价格。中国"谷贱伤农"现象时有发生，而且农户加入农业保险的比例极低，主要由农民自己承担自然风险和市场风险，这对于大规模农户无疑是一个巨大甚至是毁灭性的潜在风险。当前，大量农民流向了第二、第三产业，青壮年基本都不会种田，未来谁来种田？怎么种？必须大力培养种养大户、家庭农场，正确引导合作社等现代农业经营主体，同时兼顾并带动小农户的发展。进一步扩大农业保险的实施范畴，不仅局限于水稻、小麦和玉米等粮食作物，考虑对果蔬、设施农业以及畜禽业等的补贴。

与欧美相比，中国的农业与日本农业结构特点比较相似，中国当前正处于粮食价格与国际市场价格倒挂的背景下，如何结合中国的自然、社会、制度、经济等特点，吸取日本失败的教训并借鉴成功的经验，有针对性地制定可操作性的相关政策，进而在国际竞争的背景下引导现代农业，增强农业自身的造血功能，发展农村，富裕农民，已成为现代农业集约化发展的重要趋势。

参考文献

［1］黄宗旨、彭玉生：《三大历史性变迁的交汇与中国小规模农业的前景》，《中国社会科学》2007 年第 4 期。

［2］郑蔚：《日本农业发展问题与农村金融改革》，《日本研究》2011年第 1 期。

［3］徐晖、李鸥：《日本农业新政的主要内容及启示》，《世界农业》2014 年第 9 期。

［4］伦海波：《日本农业生产法人制度研究》，《农业经济问题》2013年第 3 期。

［5］胡霞：《日本农业扩大经营规模的经验与启示》，《经济理论与经

济管理》2009 年第 3 期。

　　［6］ 孙炜琳、王瑞波、薛桂霞：《日本发展政策性农业保险的做法及对我国的借鉴》,《农业经济问题》2007 年第 11 期。

　　［7］ 高强、刘同山、孔祥智：《家庭农场的制度解析：特征、发生机制与效应》,《经济学家》2013 年第 6 期。

中国南海周边国家与地区海洋捕捞渔业发展趋势与政策[*]

——基于中国与印度尼西亚、菲律宾、越南、马来西亚、文莱、中国台湾的比较

韩 杨 张玉强 刘 维 刘 聪[**]

南海海域广阔，环绕南海的国家和地区除中国大陆地区外，主要还有印度尼西亚、菲律宾、越南、马来西

* 基金项目：中国水产科学研究院"中国南海渔业资源开发利用战略研究"（编号：2013C002）、"中国渔业产业链与水产品质量安全监管机制研究"（编号：2014C001），以及农业部财政项目"国际渔业行政管理体制比较研究（2015年）"等项目联合资助。

** 韩杨，中国水产科学研究院渔业发展战略研究中心，副研究员、副主任；张玉强，广东海洋大学经济管理学院，副教授；刘维，海南省海洋与渔业科学院，高级工程师；刘聪，中国水产科学研究院渔业发展战略研究中心，副研究员。

亚、文莱五个国家与中国的台湾地区。由于历史及现实的经济①、政治、外交等复杂因素，南海周边国家和地区均从各自利益视角，制定了本国海洋渔业捕捞及在南海从事渔业捕捞的相应的政策与管理措施。

一　中国与南海周边国家与地区海洋捕捞渔业发展趋势比较

（一）海洋捕捞渔业总量的比较

从南海周边国家与地区海洋捕捞渔业总量来看，根据 FAO 数据，如图 1 所示，截至 2011 年，南海周边国家与地区海洋捕捞渔业总产量分别为 1604.27 万吨（中国）、381.8 万吨（印度尼西亚）、236 万吨（菲律宾）、250 万吨（越南）、138.33 万吨（印度尼西亚）、2100 吨（文莱）、90 万吨（中国台湾）。

从南海周边国家与地区海洋捕捞渔业产量比较可以看出，除中国台湾近几年捕捞渔业产量略有下降外，其他南海周边国家的捕捞渔业产量总体都处上升趋势；中国一直

---

① 南海尤其在南沙群岛周围，根据相关研究机构的评估，具有丰富的渔业、石油、天然气等资源。

拥有较高的海洋捕捞渔业产量。从捕捞渔业发展速度来看，印度尼西亚产量增长趋势非常明显，尤其在 20 世纪 80 年代之后，产量一直成急速上升态势，至 2011 年其产量增长速度非常迅猛，其次是越南及菲律宾。

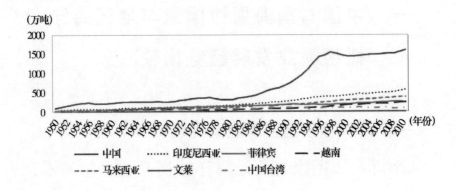

图 1   中国与南海周边国家与地区海洋捕捞渔业产量变化趋势

资料来源：FAO 渔业统计，按国别数据整理。

（二）海洋捕捞品种与产量的比较

南海周边国家海洋捕捞品种繁多，不尽相同。根据 FAO 统计数据显示，如表 1 所示①。

————————

① 中国的海洋捕捞渔业产量主要来自于中国所辖的黄海、渤海、东海、南海几大海域，以 2011 年为例，南海捕捞渔业产量仅占中国捕捞渔业总量的 21.15%，因此，表 1 中并未列出中国捕捞渔业主要品种及产量作为比较。

表 1 2011 年南海周边国家海洋捕捞渔业主要品种及产量 单位：吨

鱼种	印度尼西亚	鱼种	菲律宾	鱼种	越南	鱼种	马来西亚	鱼种	文莱	鱼种	中国台湾
海洋鱼类	535391	鳀	245431	海洋鱼类	1663216	海洋鱼类	342262	海洋鱼类	2000	海洋鱼类	26371
鳀	324409	沙丁鱼	338076	淡水鱼类	190300	鲭鱼	183590	海洋甲壳动物	40	鲣	155662
淡水鱼类	58442	舵鲣	132629	头足类	271500	Natantian de-capods	72945	海洋软体动物	60	鱿鱼	69577
短体羽鳃鲐	200545	淡水软体动物	63205	Natantian de-capods	144000	罗氏圆鲹	55073			白腹鲭	98604
鲣	287610	鲣	197383	海洋软体动物	84800	鲱科鱼	32593			Natantian de-capods	8854
金带沙丁鱼	186569	鲯类	75867	海洋蟹类	84000	鲯类	4911			秋刀鱼	160531
鲯类	126616	黄鳍金枪鱼	123014	鲣	29492	金带细鲹	14773			鲨鱼/魟/鳐鱼类	29859
竹荚鱼	120013	杜氏鰤	61143	黄鳍金枪鱼	15359	鲔	12518			黄鳍金枪鱼	38140

续表

鱼种	印度尼西亚	鱼种	菲律宾	鱼种	越南	鱼种	马来西亚	鱼种	文莱	鱼种	中国台湾
康氏马鲛	106769	鲭鱼	85753							白带鱼	5900
Natantian de-capods①	68910	黄专	119210							大眼金枪鱼	6092

资料来源：FAO 渔业统计 2011，按国别数据整理；农业部渔业局编制：《中国渔业统计年鉴 2012》，中国农业出版社 2012 年版。

二　中国南海捕捞渔业产量与南海周边国家西太平洋捕捞渔业产量趋势比较②

（一）　西太平洋海域捕捞总量的比较

从中国南海捕捞渔业总量与南海周边国家与地区在

---

①　Natantian decapods 海洋鱼类一种，由于没有可借鉴翻译词汇，直接引用 FAO 英文原词。

②　南海从海域上隶属西太平洋海域。由于无论从资源经济学，还是从捕捞总量上，都没有可参考、借鉴的文献来判断各国与地区在中国南海南部海洋捕捞渔业总量的估计。而中国南海海域，从海洋地理分区，位于西太平洋，然而从海洋区位上来讲，中国的大部分海域诸如黄海、渤海、东海等都隶属西太平洋海域，区别于南海周边国家的地理及海洋区位皆隶属于西太平海域。因此，本文通过中国南海捕捞产量，对比各国与地区在西太平洋海洋捕捞渔业总量来估计各国与地区在中国南海南部捕捞渔业总体趋势。

西太平洋地区捕捞渔业产量看出（如图2所示），除中国外，各国在西太平洋捕捞总量与该国/地区的海洋捕捞渔业总量产量发展趋势相似，印度尼西亚在西太平洋的捕捞渔业产量一直呈急速上升态势，菲律宾、越南总体上也均呈增长态势，菲律宾近年来捕捞渔业产量略有下降。从总量上来看，文莱、马来西亚和中国台湾在西太平洋捕捞渔业还有很大的上升空间。而中国在南海捕捞渔业总量在20世纪80年代到2005年，一直处于稳步上升趋势，2005年后略有下降，如图2所示。

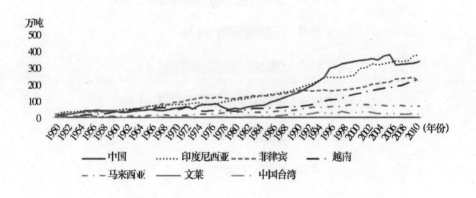

图2　南海周边国家与地区在西太平洋捕捞渔业产量变化趋势比较

资料来源：FAO渔业统计，按国别数据整理；农业部渔业局编制：《中国渔业统计年鉴2012》，中国农业出版社2012年版。

截止到2011年，中国在南海捕捞渔业产量为339.3

万吨①，仅占全国捕捞渔业总量的 21.15%（如图 3 所示）。南海周边国家与地区在西太平洋捕捞渔业产量如下：印度尼西亚为 381.84 万吨，占该国捕捞总量的 20.76%；菲律宾为 217.35 万吨，占该国捕捞总量的 91.81%；越南为 230 万吨，占该国捕捞总量的 92.00%；马来西亚为 68.20 万吨，占该国捕捞总量的 49.30%；文莱为 2100 吨，与该国捕捞总量相同；中国台湾地区为 20.37 万吨，

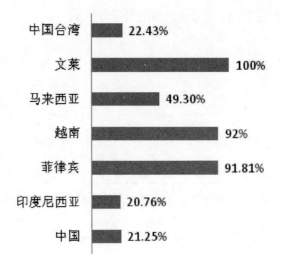

图 3   2011 年中国在南海捕捞渔业产量及南海周边国家与地区在西太平洋的

捕捞渔业产量占该国与地区捕捞总产量比重

---

① 由于目前对南海渔业资源缺乏健全的准确评估，因此据相关渔业科考资源调查机构及渔船调查分析，南海捕捞渔业主要集中在南海北部，而非南海南部。

占该地区捕捞总量的 22.43%。由此可见，印度尼西亚、菲律宾、越南三个国家在西太平洋捕捞渔业总量较高，且也是三国海洋捕捞渔业的主要来源（如图 4 所示）。

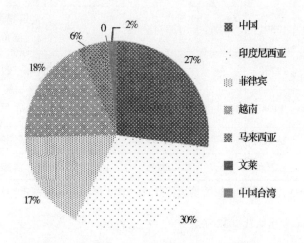

图 4　2011 年中国在南海捕捞渔业产量及周边国家与地区在

西太平海域的捕捞渔业产量比重

资料来源：FAO 渔业统计，按国别数据整理计算；中国农业部渔业局编制：《中国渔业统计年鉴 2012》，中国农业出版社 2012 年版。

（二）西太平洋海域捕捞主要品种与产量的比较

2011 年各国与地区在西太平捕捞主要品种与产量也不尽相同，具体如表 2 和图 5 所示。

表2　　　　2011 年中国在南海主要鱼种的渔获量及南海周边国家在

西太平洋捕捞业主要鱼种渔获量

单位：吨

鱼种	越南	菲律宾	马来西亚	印度尼西亚	文莱	中国台湾	鱼种	中国
黄鳍金枪鱼	15359	123014	1186	138243	—	25948	黄鳍金枪鱼	32736
鲣鱼	29492	197383	—	—	—	155662	金线鱼	309660
海洋鱼类	1663216	14943	154448	400457	2000		带鱼	309187
鳀	—	245431	—	324409		—	蓝园鲹	224262
蓝枪鱼	489	2266		26		1307	海鳗	178844

资料来源：FAO 渔业统计，按国别数据整理；农业部渔业局编制：《中国渔业统计年鉴2012》，中国农业出版社 2012 年版。

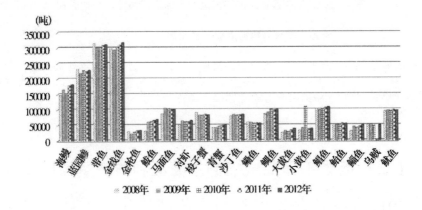

图 5　2008—2012 年中国南海前二十优势捕捞品种产量发展趋势

资料来源：FAO 渔业统计，按国别数据整理；农业部渔业局编制：《中国渔业统计年鉴2012》，中国农业出版社 2012 年版。

三　中国与南海周边国家和地区的海洋捕捞渔业政策比较

（一）海洋捕捞渔业管理

印度尼西亚方面，印度尼西亚是世界上最大的群岛国，领海实行群岛水域制度。从管理机构上来看，海洋渔业执法是由多部门组成的协调机构，一起负责海洋渔业执法。从渔业管理机构上来看，印度尼西亚渔业法规主要由海洋事务与渔业部负责。海洋渔业有关的法规，主要包括主张海洋管辖权的法规、海事法规、环保法规、投资及税务法规等。

菲律宾方面，菲律宾渔业管理实施渔业区域利用权制度。地方市政府对其沿海 3 海里水域和内陆水域拥有资源管理和使用权。渔业法令的主要有以下几方面：保护菲律宾人受益于渔业资源；确保专属经济区及临近公海渔业资源的可持续开发、管理和保护；确保渔民在市政水域渔业及水产资源的特惠权利；基于沿岸区域整合管理原则管理渔业和水产资源；通过利用如最高可持续产量和最高可捕量等机制规范渔业准入和捕捞制度。

越南方面，越南的渔政局负责进行水产资源开发与保护工作。渔政局有权力对在越南海域进行非法捕鱼作业的越南或他国的个人与船只采取罚款或禁止捕捞等措施。《越南海洋法》明确规定了由政府颁发和撤销捕捞许可证，公布了越南专属经济区内执行渔业法规的国家管理机构，建立了监控和处理违规行为的管理标准和程序。越南政府执行了越来越严格的近海休渔政策，同时不断向渔民提供燃料补贴、软贷款和其他金融支持，帮助越南渔船升级改造。

马来西亚方面，马来西亚的渔业政策规定马来西亚12海里以内沿岸渔业和内陆渔业的执法由渔业局和各州的渔业管理机构授权的官员负责，警察协助渔业管理官员执法。

文莱方面，文莱海域共划分为四个作业海区：第一海区为0—3海里（离岸）；第二海区为3—20海里；第三海区为20—45海里；第四海区为45—200海里。文莱政府制定了一系列的优惠政策，鼓励开发商业渔场和海水养殖场，鼓励外资与文莱本地公司开展渔业和海水养殖业合作。

中国方面，中国在海洋捕捞渔业的管理结构上，按职能划分，涉及多个部门，农业部渔业渔政管理局负责海洋渔业管理，国家海洋局负责海洋管理，公安部负责海监，边防海警部分负责海洋执法管理。从管理政策法规上，中国海洋捕捞渔业有相应比较健全的法律法规体系。海洋捕捞渔业的基本法要遵从基本法律框架《中华人民共和国渔业法》，按照不同海域渔业资源分布，农业部渔业渔政局还有相应比较健全的政策法规，如船网工具指标审批、渔船检验、登记、捕捞许可、渔船"双控"①、伏季休渔、捕捞限额、增殖放流等一系列政策。

（二）南海争端海域的捕捞渔业管理与执法

印度尼西亚方面，在双边协议下，印度尼西亚对泰国、朝鲜、菲律宾等国和中国台湾的渔船进行控制并授予捕捞权。在 200 海里专属经济区和领海内的执法活动主要由印度尼西亚武装部队的海空军部队进行，执法时有政府部门的专业执法人员参加，保护渔业的执法活动集中在经过批准外国渔船或与本国渔船合资的渔业作业区域。

---

① 全国海洋捕捞渔船船数和功率数实行总量控制（简称"双控"制度）。

菲律宾方面，菲律宾政府积极鼓励渔民、渔船赴南海争议海域进行渔业作业。一方面，菲律宾鼓励渔民赴南海进行捕鱼作业，大力发展本国渔业经济。另一方面，菲律宾试图通过渔业资源开发强化对南海岛礁的实际占有，并会以抓扣、武力等方式阻止周边国家渔船在争端海域进行渔业作业。

越南方面①，越南政府发布了新的渔业管理规定，新法规制定了越南水域外国渔船的各种原则，列出了船主的责任，并强调公平的国际合作，同时提出了共同利益规则，主张尊重国家的独立性、主权和符合国家计划的法律来发展国家和区域性渔业，保证渔船和船员安全。南海政策方面，通过国内立法②，采取鼓励本国渔船赴南海海域进行捕鱼作业，以及抓扣、驱赶他国在南海作业渔民等方式宣示主权。

马来西亚方面，通过武装力量对在其主张争端海域作业的他国渔船进行扣押或驱赶，并予以惩罚。

文莱方面，随着近海渔业资源衰退，已经严令禁止

---

① 越南农业与农村发展部启动渔船、捕捞区及水产资源卫星观察系统项目，该项目为沿海渔船安装卫星定位系统。

② 越南《民兵自卫队法》规定越南渔船出海随行有执行自卫的民兵，为捕捞作业进行护航保护。

近海 0—3 海里的海洋捕捞渔业作业，并且为保护近海渔业资源，规定引进的外国渔船只能在 20 海里以外海区作业。

中国方面，中国南海捕捞渔业的政策上，在渔业捕捞作业方面主要遵循农业部渔政局的相应管理措施，诸如上述的所有措施；目前海洋执法由海警局执行，开展中国海洋的维权执法，主要针对南海北部近海海域，对南海南部，为确保海洋捕捞作业安全，南海海域作业渔船安装北斗卫星导航系统，并配给少许南海南沙群岛捕捞渔船的专项补贴。

四　总结及建议

（一）总结

第一，从南海周边国家海洋捕捞发展来看，印度尼西亚、菲律宾及越南的海洋捕捞总量发展迅速，且主要来源于位于南海周边海域的西太平海域；中国的南海捕捞渔业总量呈现快速增长后略有减少，并保持稳定状态的趋势。

第二，从南海周边国家海洋捕捞品种、数量及区域来看，南海周边国家的海洋捕捞渔业主要位于中国南海所属的西太平洋海域，尤其以印度尼西亚和越南为主的国家的捕捞品种主要以价值较高的黄鳍金枪鱼为主，同时沿海渔业资源几乎都处于过度开发状态，无节制的索取导致近海渔业资源破坏严重；而中国南海海洋渔业捕捞主要分布在南海北部，南海南部的捕捞渔业资源并没有完全开发。

第三，从南海周边国家捕捞渔业管理措施来看，南海周边国家的海洋捕捞渔业都有相应比较健全的管理结构和措施，对离岸、近海都有较为明确的规定，并且印度尼西亚、越南、菲律宾等国对海洋捕捞渔业捕捞渔业方式都有不同的激励和保护措施；中国对南海南部的捕捞渔业资源开发缺乏相应激励机制和措施。

（二）建议

第一，从中国南海捕捞渔业发展来看，应减少南海北部的沿岸、近海渔业的捕捞渔业资源开发，鼓励渔船向南海南部海域发展捕捞渔业。

第二，从中国南海捕捞渔业品种、资源、数量来看，应按照鱼类品种的价值、渔业资源分布，坚持渔业的经济、生态、可持续原则，调整捕捞渔业生产作业结构。

第三，从中国南海捕捞渔业管理措施来看，建立近海的捕捞配额制度；针对南海南部渔业资源，整合科研及行业力量，进行科学、准确的评估；建立综合、协调多部门的综合协调管理机制和平台。

第四，从中国南海捕捞渔业的国际合作来看，发挥中国在水产养殖业领域优势，与南海周边国家在水产养殖业加强科技合作；加强大陆与台湾地区两岸合作，对南海南部争端水域，根据海域范畴、外交关系及"东盟"国家之间的渔业合作分别建立"双边"或"多边"合作开发海域机制。

参考文献

[1] "世界各国和地区渔业概况研究"课题组：《世界各国和地区渔业概况》（上册），海洋出版社 2002 年版。

[2] "世界各国和地区渔业概况研究"课题组：《世界各国和地区渔业概况》（下册），海洋出版社 2004 年版。

[3] "世界主要国家核地区渔业概况"编写组：《世界主要国家和地区渔业概况》，海洋出版社 2012 年版。

[4] 邹桂斌：《中国与马来西亚海洋渔业合作机制研究》，硕士学位论

文，广东海洋大学，2010 年。

[5] 韩杨、曾省存、刘利：《印度尼西亚渔业发展趋势及与中国渔业合作空间》，《世界农业》2014 年第 5 期。

[6] 韩杨、杨子江、刘利：《菲律宾渔业发展趋势及与中国渔业合作空间》，《世界农业》2014 年第 10 期。

[7] 农业部渔业局编制：《中国渔业统计年鉴 2013》，中国农业出版社 2013 年版。

[8] 农业部渔业局编制：《中国渔业统计年鉴 2014》，中国农业出版社 2014 年版。

[9] FAO，"Fishery and Aquaculture Statistics"，*Global Fisheries commodities Production and Trade 1976 – 2011*，2012.

[10] http：//www. fao. org/fishery/statistics/software/fishstatj/en.

后 记

2013 年，习近平总书记首次提出了共同建设"丝绸之路经济带"和"21 世纪海上丝绸之路"的战略构想。这一构想提出后，立即得到了国内外的广泛关注，成为研究热点。

"一带一路"沿线国家人口占世界总人口的 63%，经济总量占世界的 29%，均高于美国和欧盟，而且涵盖了90% 以上的发展中国家。沿线国家货物贸易占全球贸易的1/3 左右，对外直接投资也快速增长。2014 年，中国与"一带一路"沿线国家的农产品进出口贸易中，农产品进口额为 228.39 亿美元，占中国农产品进口总额的18.80%；农产品出口总额为 210.32 亿美元，占中国农产品出口额的 29.48%。整体上，依其拥有的农业资源条件、与中国农产品的互补性等多视角看，中国与这些国家的农业合作仍有非常大的空间和潜力，换言之，中国与"一带一路"沿线国家农业合作前景广阔。

"以服务会员为中心，服务社会大局、资政佐民兴业"是中国国外农业经济研究会的文化和宗旨。习近平总书记"一带一路"倡议提出后，立即得到研究会会员的广泛响应，很多会员朋友将其研究重点转向在"一带一路"战略实施条件下中国农业如何更好地开展对外合作战略和中国农业如何更加稳健地"走出去"等问题的研究。在形成和积聚了一批研究成果后，研究会又将2015年的研究会年会主题确定为"'一带一路'战略与国际农业合作"。在这次年会上，会员们从区域因素、国别特征、策略与方法、内卷与外溢四个全球及国际比较视角出发，共同探讨中国农业全球和区域投资、贸易合作问题，产生了一批具有前瞻性、可借鉴的学术研究成果。会后经会长办公会议决定，责成秘书处将其中部分成果进行再整理和再加工，以智库报告形式结集出版。

本智库报告是为这项工作的成果。

杜志雄

2016 年 7 月 26 日

杜志雄，1963年2月出生，安徽铜陵人，研究员。现任中国社会科学院农村发展研究所副所长，中国社会科学院研究生院农村发展研究系系主任、博士生导师；兼任中国国外农业经济研究会会长、北京市农经学会副会长、科技部国家可持续发展专家委员会委员以及多所大学兼职教授等。相继在中国人民大学农业经济系、中国社会科学院研究生院和日本东京大学农学部学习，获得经济学学士、管理学硕士和农学博士学位。长期从事农村非农产业发展和农村中小企业金融研究；近期主要研究现代农业发展、农业经营主体培育与农产品安全战略等。相关成果先后获得杜润生农村发展研究奖、中国社会科学院优秀成果奖、优秀对策信息奖等。